Frühling
SOMMER
Herbst
in
Ahrenshoop

Buhnen als Küstenschutz

Für

Max und Carolin

Kristine von Soden

AHRENSHOOP

Höchstpersönlich

: TRANSIT

Postfach 120307 | 10593 Berlin
www.transit-verlag.de

Umschlaggestaltung, unter Verwendung
eines Fotos von Thomas Sandberg/OSTKREUZ,
und Layout: Gudrun Fröba
Druck und Bindung: CPI Group Deutschland
ISBN 978-3-88747-377-8

FSC
MIX
Papier
FSC® C083411

INHALT

Fischlandchaussee

ZUM AUFTAKT

Ein Klangbild in A-Dur

Allein schon die Lage: an der schmalsten Stelle zwischen Meer und Bodden, auf der einen Seite dem Wind zugewandt, auf der anderen ihm abgewandt, ein weithin ländlich gebliebenes Kleinod, hier und da mit Grazie. Persönliches Einspielen im Grundton a: Anker auswerfen, anlanden, atmen, anders atmen, ah! Wie die ersten Töne der A-Dur-Tonleiter: a – h! Oder wie die Anfangsbuchstaben von Ahrenshoop: Ah! Alltagsstaub abbürsten, anders aufwachen, aquamarinblau anziehen, Aurorafalter anbeten, alles Aber, Aber – ade!

Regelmäßig besucht der alte Kater aus der Bunten Stube den benachbarten Kunstkaten. Durch die Hintertür. Richtet seine neugierigen Augen hoch zu den wechselnden Gemälden, die von Schönheiten und Gefährdungen der einstigen Künstlerkolonie und dem Baltischen Meer erzählen. An manchen Werken bleibt der Kater stehen, setzt sich gar mit gespitzten Ohren wachend vor sie hin. An anderen streicht er still vorüber. Und von Gästen, die er instinktiv mag, lässt er sich streicheln. Schnurrend rollt er sich auf den Rücken, umgeben von kostbaren Goldrahmen. Eine Ausstellungseröffnung ist auch für den Kater ein besonderer Tag, einer, um glücklich zu sein, unter Kunstsinnigen, nicht allein.

Nach dem cis, dem dritten Ton der A-Dur-Tonleiter, in leichtesten Flügelkleidern weiter hinauf, singend, summend, auch Hüpfen erlaubt: d – e. Das Deckblatt des Dorfes diesig, Dankesworte – enthusiastische, erfrischende, ewigkeitstaugliche. Windboten tragen in leiser Melodie durch die schmeichelnd weiche Luft: dass die Natur hier alles pfleglich Behandelte und behutsam Gestaltete üppig belohnt, gerade auch in den Fischlandgärten, die von bunten Blütenschätzen aus Stockrosen, zarten Wiesenblumen und Rittersporn geradezu überborden. Im deutlichen Crescendo verbreitet die Windbotenmelodie außerdem: Dass es für die Zukunft, nein, ab sofort, im Anspruch und Ablauf des tagtäglichen Getriebes auf ein spürbares Weniger ankommt, auf Bescheidenheit und Verzicht, woraus, so das feste Versprechen, innerer Reichtum erwächst.

Albert Einstein, der berühmteste Gast aller Zeiten in Ahrenshoop, der in Chroniken indes kaum eine Rolle spielt, gab immer wieder kund, dass das Schönste, was das Leben bereithalte, das Geheimnisvolle sei. Im August 1918, dem letzten Kriegssommer, reist der Physiker und leidenschaftliche Segler an. Ob er am Spülsaum der Ostsee jene Farbpigmente entdeckte, die der Blaue Reiter hier einige Jahre zuvor ausgestreut hat? Der achtwöchige Aufenthalt in Ahrenshoop war als Genesung und Kräftigung nach Einsteins lang währender schwerer Krankheit gedacht. Cousine Elsa, bald seine zweite Ehefrau, umsorgt ihn, begleitet von Ilse und Margot, ihren zwei erwachsenen Töchtern aus der geschiedenen Ehe mit dem Berliner Textilhändler Max Löwenthal. Der Urheber der weltbekannten Formel $E = mc^2$ genießt seinen »Harem«, wie er das Damentrio nennt, und betrachtet es als Geschenk des Himmels, sich an der Ostsee unbehelligt treiben lassen zu können. Anders als in der Metropole Berlin, wo ihm der »Relativitätsrummel« zur Belastung geworden ist.

Die Ära der Ahrenshooper Künstlerkolonie war damals bereits vorbei. Mit dem Ausbruch des Ersten Weltkrieges hatte sie ein schlagartiges Ende erfahren. Der 1909 eröffnete Kunstkaten, die erste Kunstgalerie im Dorf, musste schließen und wurde verkauft. Die meisten Koloniemitglieder der Gründergeneration um den Landschaftsmaler Paul Müller-Kaempff verließen Ahrenshoop. Mit dem allmählichen Abflauen der Inflation (die Preise für ein Kilo Butter überstiegen 1923 fünf Billionen Reichsmark) rückten neue »Malgäste« an, durchmischt von einer schillernden Schar aus Leinwandstars, Kameraleuten und Regisseuren, Musikern und Literaten und solchen, die sich dafür hielten. Herausragende Persönlichkeit 1930: George Grosz, der Maler, Grafiker und »Ostseeferienfahrer«, der die mecklenburgische und pommersche Küste wie seine Westentasche kennt. Nach den Reichstagswahlen Mitte September, bei denen die Nationalsozialisten unerwartet hohe Gewinne erzielen, schreibt er seinem in London lebenden Freund, dem Kulturjournalisten Mark Neven DuMont,

Ahrenshooper Strand

vom Ahrenshooper Strand: »Diktaturgerede geht immer mehr um. Wenn, kommts wohl bei uns auf kaltem Wege. Diese Leute ziehen augenblicklich viele in ihren Bann.« Nach seiner Emigration 1933 in die USA sieht George Grosz die ihm zur Seelenlandschaft gewordene Ostsee nie wieder. Umgekehrt gehören etliche aus dem Exil nach 1945 Zurückgekehrte zu den ersten Gästen in Ahrenshoop, firmierend nun als »Bad der Kulturschaffenden«, unter ihnen Bertolt Brecht und Helene Weigel, Hanns und Lou Eisler, Arnold und Beatrice Zweig sowie nicht zuletzt Anna Seghers und Wieland Herzfelde, einst Dadaist und Chef des avantgardistischen Malik-Verlags. Sie alle spielen sich auf ihre Weise im Grundton a ein: wagen neue Anfänge, aalen sich in der Sonne, kosten Abenteuer, manche verpflichten sich dem sozialistischen Aufbau, feiern die von Johannes R. Becher getextete DDR-Nationalhymne, »Auferstanden aus Ruinen…«, andere angeln nach alten Träumen, halten Abstand, warten ab.

Die zwei vorletzten Töne der A-Dur-Tonleiter: fis und gis – wie in den Sand geschriebene Worthälften aus Fisch und Gischt, den Rest haben Wellen weggewischt, angetrieben durch Stürme, die dem Meer spritzende Schaumkronen aufsetzen. Gedanken wirbeln durch den Kopf, zaubern bemooste Perlen aus der Schatzkiste der Erinnerung: zum Beispiel jene, die von der ersten Ostseereise des jungen Felix Mendelssohn Bartholdy erzählen. 1824 macht er sich mit seinem Vater, dem Bankier Abraham Mendelssohn, von der preußischen Hauptstadt aus über Güstrow auf ins elegante Doberan (in der damaligen Orthographie häufig mit doppeltem b) vor den Toren des Seebades Heiligendamm und schreibt der musikalisch ebenfalls hochbegabten Schwester Fanny, mit der er gemeinsamen Klavier- und Violinenunterricht erhält: »Alles hier in Dobberan ist gesund: die Luft, das Wasser.« Beides biete »Anregung für neue Noten«. Und Notenblätter hat der Fünfzehnjährige, der schon Dutzende Lieder, Klaviersonaten und Motetten komponierte, genügend im Gepäck. 1826 entsteht seine einsätzige Ouvertüre zu William Shakespeares *Sommernachtstraum*, die opulente Bühnenmusik mit dem Hochzeitsmarsch reift später heran. Im Rahmen der Konzertreihe *Naturklänge* an besonderen Orten unter freiem Himmel von Juni bis in den Spätsommer um den Nationalpark Vorpommersche Boddenlandschaft, stand vor einer Weile Felix Mendelssohn Bartholdys eher selten dargebotene vierhändige *Sommernachtstraum*-Klavierfassung auf dem Programm, feenhaft gespielt von Susan und Sarah Wang, dem mit zahlreichen Musikpreisen ausgezeichneten Zwillingsschwestern-Klavier-Duo. Festlicher Höhepunkt der *Naturklänge* ist stets das Abschlusskonzert alljährlich am Hohen Ufer von Ahrenshoop mit Sehnsuchtspanorama bis zum Horizont. Ratsam: mit Schirm und Charme für die typischen Küstenwetterkapriolen gerüstet sein und daran denken, dass der Ort zu dem einzigartigen Ereignis nur zu Fuß oder mit dem Fahrrad erreicht werden kann. Hunde sind nicht erwünscht. Dabei entspannen sie sich liebend gern speziell bei klassischer Musik, gefolgt von Soft Rock. Das fanden unlängst Wissenschaftler der Universität Glasgow heraus.

*

In *AHRENSHOOP. Balancieren auf der Meerschaumlinie* (2015, 2. Auflage 2016), hervorgegangen aus meinen Literarischen Rundgängen im Ort, stehen Streifzüge zu den einstigen Quartieren und Wirkungsstätten prominenter Gäste im Mittelpunkt. Im vorliegenden Buch widme ich mich der Aura von Ahrenshoop, diesem unverwechselbaren feinen Gewebe aus Kunst und Natur, genauer: Natur und Kunst – einschließlich Lebenskunst. Geben doch die Schöpfungswunder die Farbnuancen, Formen und Rhythmen vor: zum Malen oder Bildhauern, für grafische Phantasien oder keramische Gestaltungen, für Textpartituren und überhaupt zur Verschönerung des Daseinsgefühls: das silberne Licht, die Wolkenszenerien, die Dünen und ihre faszinierende Vegetation, die flachen Lagunen und Landzungen, Erlenbrüche im Darßer Wald und Tausenderlei mehr – unentwegt sich wandelnd und die Sinne schärfend: Was flüstert das Boddenschilf? Wie schmeckt Ostseehimmelblau?

Schon immer war die Anreise in das einst abgeschiedene Dorf ein Thema. Empfehlungen aus historischen Ostseereiseführern und Reiseberichten, eine längst vergessene, obwohl aufschlussreiche Lektüre, eröffnen das Buch. Sommersprossenstimmung verbreiten Bademoden, die im Laufe der Seebädergeschichte die Strände erobern, auch in Ahrenshoop. In freizügige, zumal eng anliegende Kreationen sollten jedoch nur weibliche Wesen schlüpfen, »die über ein leidlich wohl gebautes Exterieur verfügen«, heißt es in einem wilhelminischen Glanzmagazin.

Viel Spaß bei diesem Lesestoff!

Was noch?

Etliche Fotos im Buch stammen aus Ahrenshooper Privatalben um 1950 – passend zum Titel höchstpersönliche, in zufälligen Momenten ohne technisches Brimborium eingefangene.

Außerdem:

In kurzen Intervallen halten die Windboten mit ihrer Melodie nach jeweils zwei Kapiteln inne und bitten um Aufmerksamkeit etwa für Seegraswiesen, Strandhafer und Dünenveilchen – Applaus!

Heiter und anmutig tanzt A-Dur, schwärmen Ästhetiker der Tonkunst. Und so rundet sich der Bogen mit dem letzten Ton der Tonleiter, der Oktave a: anders abreisen als ankommen, angeregt, aufgehellt, ausgesöhnt, alles auf Anfang.

Da Capo al Fine – wieder und wieder – Ahrenshoop!

ÜBER DEN BODDEN NACH AHRENSHOOP

So weltenfern und ozeanisch, beinahe wie Neufundland

Viele Wege führen nach Rom. Einer nach Ahrenshoop. Lange jedenfalls war das so. Ausgangspunkt: das alte Boddenstädtchen Ribnitz, einst umgeben mit wehrhafter Stadtmauer, Stadtwällen und fünf Stadttoren. In den Wirren der Geschichte überlebte nur das Rostocker Tor – inzwischen ein Wahrzeichen von Ribnitz und zu Werbezwecken häufig als Logo benutzt. Das i in Ribnitz (hervorgegangen aus dem slawischen »Rybanis«, was »Fischort« bedeutet) wird kurz gesprochen wie in Wind, Kind, geschwind. Wer es dehnt wie in Kielwasser oder Bier, offenbart lokales Unwissen, was sich ja aber rasch korrigieren lässt. Mit solchen Besonderheiten vertraut zu sein, macht Spaß und öffnet zudem Türen. Darum: Hinhören! Zuhören!

Bis 1950 existierte Ribnitz im östlichsten mecklenburgischen Landeszipfel unabhängig vom pommerschen Damgarten. Seither sind die Grenznachbarn beiderseits der Recknitz (aus dem slawischen »Reknicza«, übersetzt »kleiner Fluss«) mit einem Bindestrich vertäut, was bei ähnlichen verwaltungstechnischen Manövern auch andernorts nicht gerade für helle Freude gesorgt hat. Breiten- und Längengrad zur Orientierung für Wandervögel, Kanupaddeln oder einen Segeltörn: 54° 15' O" N 12° 28' 0.001" E. Naturbegeisterte zieht es von Frühling bis Winter ins Ribnitzer Große Moor. Sonnentau und Gagelstrauch, Wollgras und Sumpfporst wachsen in dem küstennahen Areal, dessen Wurzeln bis ins Atlantikum um 4000 v. Chr. reichen sollen. Für Kreuzottern, Glattnattern, Moorfrösche, Kraniche und Seeadler heute mehr denn je ein Fünf-Sterne-Quartier.

*

Ein besonderer Glanz legte sich 1905 über Ribnitz, von dem wohl niemand auch nur ansatzweise vorausahnte, wie sich dieser entfalten wird. »Ach, und unser liebes Ribnitz! Du!«, schwärmt die fünfundzwanzigjährige Julia Berg im Herbst jenes Jahres von ihrem Sommer im vierzehn Kilometer entfernten Seebad Graal, vor allem aber von den Augusttagen in dem bescheidenen Boddenflecken, wo die innige Liebe zwischen ihr, der Studentin an der Großherzoglich-Sächsischen Kunstschule Weimar, und dem neun Jahre älteren Maler Lyonel Feininger begann. Beide sind damals verheiratet: Julia aus der jüdischen Fabrikbesitzerfamilie Lilienfeld mit dem Berliner Arzt Walter Berg, Lyonel mit der Konzertpianistin Clara Fürst. 1887 nahmen ihn seine Musikereltern, die rund um den Globus zu Engagements unterwegs waren, von ihrem Wohnsitz New York aus nach Deutschland mit. Der Vater, Karl Friedrich Feininger, Geiger und Komponist, und die aus New Jersey stammende Mutter, Elisabeth Cecilia Lutz, Sängerin, Pianistin und Organistin, wollten, dass ihr Sohn am Conservatorium für Musik in Leipzig, 1843 vom Gewandhauskapellmeister Felix Mendelssohn Bartholdy gegründet, Violine studiert. Lyonel beherrscht das Instrument durch die väterliche Förderung früh. Überraschend verabschiedet er sich jedoch vom elterlichen Ausbildungswunsch, bleibt der Musik aber eng verbunden und wird beispielsweise nach seiner Berufung 1919 ans Staatliche Bauhaus in Weimar für sich privat Klavier- und Orgelfugen komponieren und mit seinem dortigen Kollegen Paul Klee (auch er hatte Musikereltern und spielte virtuos Geige) gemeinsam musizieren. Wichtigste Stationen in Feiningers künstlerischer Laufbahn: die Allgemeine Gewerbeschule in Hamburg (später Hochschule für Bildende Künste Hamburg), die Akademie der Künste zu Berlin und die Académie Colarossi in Paris. Auf der Großen Berliner Kunstausstellung 1904 präsentiert er eine Auswahl seiner Karikaturen. Gehört er doch zu den herausragenden Talenten auf diesem Gebiet. Führende Satiremagazine wie der *Ulk* aus dem jüdischen Mosse Verlag, *Harper's Young People* oder das *Narrenschiff* reißen sich um seine Illustrationen. Unterdessen verliert die Ehe mit Clara, aus der 1901 und 1902 die Töchter Lore und Marianne hervorgehen, mehr und mehr an Halt. Ähnlich ergeht es Julia Berg mit ihrem Mann. Vielleicht reist sie daher 1905 mit zwei Freundinnen nach Graal, während Lyonel seinem Schwiegervater, dem Berliner Sezessionsmaler Gustav Fürst, Schwager Ed-

Saaler Bodden

mund Fürst nebst Gattin Käte solo an die Ostsee folgt. Außerdem weilen in Graal Berliner Freunde um Hermann Abeking, der wie Feininger Maler und Karikaturist ist und in Althagen auf dem Fischland, dem mecklenburgischen Nachbardorf vom pommerschen Ahrenshoop, eine Büdnerei besitzt.

Seit Frühjahr 1905 pflegen die Familien Feininger und Berg gesellschaftlichen Kontakt. Das ist verbrieft. Dabei lernen sich auch Julia und Lyonel kennen. Und mögen sich auf Anhieb. Ihr »Liebessommer« vom 24. Juli bis 25. August wird insofern kaum ein Zufall gewesen sein, meint die Kunsthistorikerin Dietlinde Hamburger, die das Leben und Schaffen Lyonel Feiningers in Ribnitz nachzeichnete, eher ist von einer heimlichen Verabredung auszugehen, sich an der Ostsee näher zu kommen. Neben Strandwanderungen, Baden in den Ostseewellen, Bootstouren und dem Austausch ihrer zahlreichen Zeichenskizzen etwa vom Küstenwald, ihrem »Wald der Versuchung«, bot sich zum Alleinsein ein Ausflug nach Ribnitz an – einschließlich Übernachtung (in getrennten Zimmern) im Hotel Kaiserhof unweit der backsteingotischen Marienkirche, deren Turmspitze früher, als es noch Seemannsbälle gab, als Seezeichen gedient hat. »Findetage« lautet die poetische Wortschöpfung, mit der Julia und Lyonel ihren Aufenthalt an der Ostsee und speziell in Ribnitz zeitlebens beschwören. »Es war eben so schön, wie man nur einmal in seinem Leben etwas erleben kann«, schreibt Julia in einem weiteren Herbstbrief 1905 an ihren späteren zweiten Ehemann. Sein postwendendes Echo: »Der Sommer, und die See, und die Liebe! (…) Und dann kam Ribnitz -- Ribnitz! ------------ Unser Heimweg zu zweit, Du und ich.«

*

In einem Ribnitz-Porträt von 1894, erschienen in der *Blütenlese heimatkundlicher Beiträge* (2007), herausgegeben von Hans Erichson, dem Grundsteinleger und langjährigen Leiter des international renommierten Deutschen Bernsteinmuseums im ehemaligen Klarissenkloster unweit des Ribnitzer Marktplatzes, wird aufgezählt: »Ribnitz hat 21 Straßen und 680 Häuser. (…) Die Einwohnerzahl beträgt 4061, darunter 53 Juden.« Es gibt ein Post-

und Telegrafenamt, ein Amtsgericht, ein Dominialamt (zuständig für Belange um den herzoglichen Besitz), ein Seemanns-Amt, ein Hospital, zwei Armenhäuser, eine »Ersparniskasse« und einen »Vorschußverein«. Unter gewerblichen Betrieben versammeln sich neun Gastwirtschaften, dreizehn Schenkwirtschaften, zwei Werften, eine Genossenschafts-Dampfmolkerei, Mühlenbrauerei, Dampfsägerei, Kalkbrennerei und Gasanstalt. Ribnitz hat außerdem eine Buchdruckerei und wartet mit acht Windmühlen auf, eine skizziert Lyonel Feininger 1905, am unteren Blattrand dreizeilig in Tinte: »weisst Du, wie golden der Himmel war? wir sassen auf dem Stoppelfeld und verzehrten unsere Stullen und dann gab's Mokka Bonbons.« Ackerbau und Fischerei werden in dem Ribnitz-Porträt als Hauptnahrungszweige herausgestellt. »Sehr lohnend ist ferner für die Stadt der Verkehr mit dem Fischlande und den Seedörfern, nach deren Hauptort Wustrow im Sommer täglich zwei Dampfboote gehen.« Nach fast zwanzig Jahre andauernden Verhandlungen zwischen dem preußischen Pommern und dem Herzogtum Mecklenburg-Schwerin, einer wahren Staatsaktion, befördern ab 1888 schnaufende Dampflokomotiven die ersten Personenzüge zwischen Stralsund und Ribnitz, 1889 kommt die Strecke von und nach Rostock hinzu.

Die Ostsee ruft. Der Fremdenverkehr boomt. Auch Richtung Ahrenshoop. Ausgangspunkt für Reisende aus allen Himmelsrichtungen ist und bleibt die Boddenkleinstadt. Von ihrem Hafen fahren bald fünf Mal täglich Dampfer zum Fischland und zurück. Wer Ahrenshoop zum Reiseziel auserkoren hat, wählt auf dem Fischland zum Aussteigen den Althäger Hafen. Von dort geht es zu Fuß in die Quartiere, wobei Helfer mit Schubkarren und Handwagen ihre Dienste anbieten. Eine befestigte Straße von Ribnitz aufs Fischland existiert um jene Zeit noch nicht, lediglich ein mit Pferd und ungefedertem Wagen zu bezwingender, von Furchen durchzogener sandiger Landweg, was insbesondere bei Regen, Frost und Schnee, womöglich gar umtost von heftigen Böen, wenig lustig zu sein verspricht. Unmöglich, vom Darß aus per Fuhrwerk nach Ahrenshoop zu gelangen. Grund ist der Darßer Wald mit seinen jahrhundertealten Buchen, mannshohen Farnen, Mooren und verwunschenen Erlenbrüchen. Für Wanderungen ein Traum. Aber kein Reiseweg. Entsprechend empfiehlt der *Führer durch die Badeorte des Verbandes Deutscher Ostsee-Bäder* (1905) für die Anreise nach Ahrenshoop: »Über Rostock od. Stralsund nach Ribnitz, von dort mit Dampfer.« Ergänzend steht im *Nordost-Deutschland. Handbuch für Reisende von Karl Baedeker*, ebenfalls 1905 erschienen, dass der Dampfer von Ribnitz nach Althagen anderthalb Stunden braucht und achtzig Pfennige kostet. »1/4 St. nördl. das kleine Seebad Ahrenshoop.«

Von Anfang an ist Ahrenshoop Mitglied im Verband Deutscher Ostsee-Bäder, der sich um 1900 konstituiert. Im Unterschied zu den luxuriösen Bädern auf Rügen und Usedom mit ihren Promenaden, Seebrücken, Musikmuscheln und Hotelpalästen im Stil der Bäderarchitektur, gehört Ahrenshoop, »das freundliche Fischerdorf mit etwa 200 Einwohnern«, zu den ruhigen Reisezielen mit überschaubaren Gästezahlen: 1901 sind es 533, 1904 werden 590 registriert. Tausende überfüllen Binz und Sassnitz, Heringsdorf und Zinnowitz. Die Geschäftsstelle des Ostseebäderverbandes befindet sich in Berlin, Neustädtische Kirchstraße 15, Eingang Dorotheenstraße, unweit vom Bahnhof Friedrichstraße. Zweiundvierzig Zweigstellen sind von den Rheinlanden über Sachsen, Thüringen, Baden und Württemberg bis nach Bayern verstreut. Außer der Herausgabe von Broschüren, Kur- und Badelisten werden laut *Führer durch die Badeorte* die »Abholung des Reisegepäcks aus der Wohnung und Beförderung zum Bahnhof« sowie Besorgung von Schlafwagenkarten »unter Angabe des Zuges, der Wagenklasse und der Anzahl gewünschter Damen- und Herrenplätze« organisiert. Ein weiterer Tätigkeitsbereich umfasst »Auskünfte über Reiseverbindungen und Gratis-Ausgabe von Eisenbahn- und Dampferfahrplänen«. Höflicher Appell: »Alle an die Geschäftsstelle gerichteten schriftlichen Anfragen, welchen das Rückporto beizufügen ist, werden gewissenhaft und so schnell als möglich erledigt, doch beliebe man der Geschäftsstelle im Mai – Juni während des enormen Verkehrs stets einige Tage zur Beantwortung Spielraum zu gewähren.«

Der Weg nach Ahrenshoop will gut vorbereitet sein. Für Reisende aus der Ferne bietet sich eine Übernachtung in Ribnitz an, um ohne Hetze einen der Dampfer im Hafen besteigen zu kön-

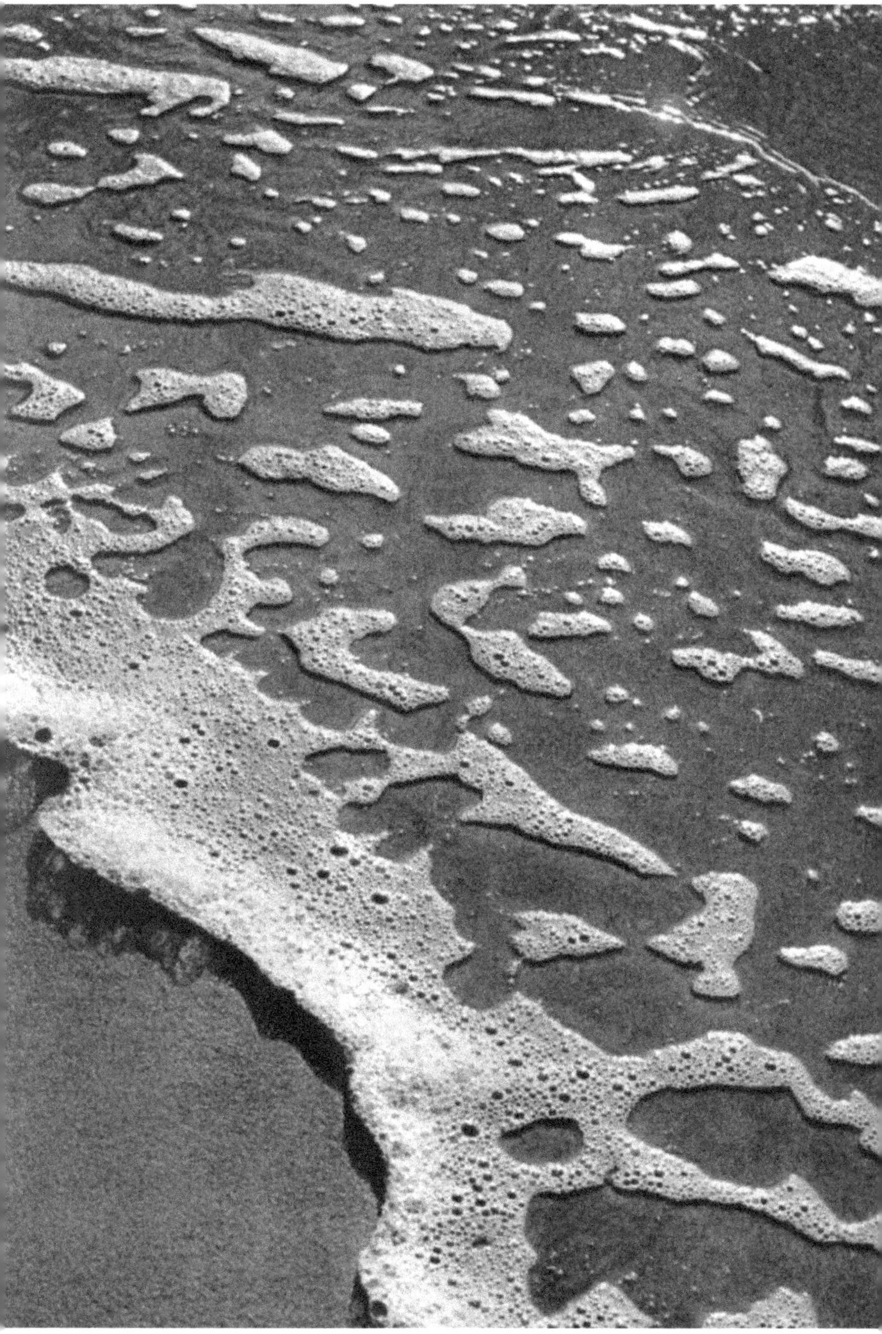

Eiweiße aus den Blättern der Algen werden durch Wind und Wellen wie mit einem Schneebesen aufgeschäumt

nen. Die bekanntesten heißen Verein, Berlin, Hecht, Neptun und Swantewit. Die meisten Boddendampfer wurden in Ribnitz gebaut. Doch nie wieder reicht das Geschäft an die Blütezeit der Segelschifffahrt heran. Bis 1890 liefen in den Ribnitzer Werften Dutzende Schoner, Briggs und Barken vom Stapel, ein fröhliches Spektakel mit Trompetenmusik und Kanonendonner – detailliert erläutert von Paul Kühl, dem Ribnitzer Kapitänssohn und promovierten Philosophen in seiner *Geschichte der Stadt und des Klosters Ribnitz*, bis heute ein geschätztes, über fünfhundert Seiten starkes Standardwerk, weil – trotz seines Erscheinens 1933 – nicht braun eingefärbt. (In Nachauflagen darf das Kapitel »Die Juden und ihre Einbürgerung in Ribnitz« auf Anordnung des NS-Propagandaministeriums nicht mehr enthalten sein. Aber das ist ein anderes, eigenes Thema.)

*

Schon als Kind fasziniert von den Masten und Takelagen an den dicht an dicht gelegenen Piers am East River (der Wasserstraße von New York City mit Manhattan und Bronx am Westufer sowie Brooklyn und Queens am Ostufer), ist Lyonel Feininger von der Schifffahrtstradition in Ribnitz berührt und angetan. Wusste er, dass die Rostocker Seeleute das Fischland und die Dörfer um Ribnitz als »Vereinigte Staaten von Mecklenburg« tituliert haben?

Im Feininger-Kabinett der Ribnitzer Galerie im Kloster, untergebracht in einem der ehemaligen Stiftsdamenhäuser, hängen Originale des Deutsch-Amerikaners von den Wochen seines »Liebessommers« mit Julia aus, aber auch »Natur-Notizen«, so Feiningers Bezeichnung seiner tagebuchartigen visuellen Erinnerungen, von seiner zweiten Ribnitz-Reise im September 1921. Nicht ohne Stolz werden zudem die Radierung *The Gate* (1912) und der Holzschnitt *Das Tor* (1918) gezeigt – expressionistische Variationen zum Rostocker Tor, dem immer neue, auch kubistische, folgen sollten, sogar noch im Exil, in das Lyonel Feininger nach einem halben Jahrhundert Deutschlandaufenthalt als »entartet« verfemt flüchten muss. In Öl auf Leinwand entsteht 1943 in New York *Town Gate (of Ribnitz)*, sein »Sehnsuchts-Tor«, das er einst mit Julia zu einem neuen Lebensabschnitt durchschritten hat.

Lyonel Feininger, Das Tor (*1918*)

Auf fast quadratischem Grundriss viergeschossig mit pyramidenartigem Dach erbaut, beherbergt das Rostocker Tor inzwischen einen Ausstellungsraum für die örtliche Historie. Reisenden mit Muße sei ergänzend dazu der Feininger-Rundgang durch Ribnitz ans Herz gelegt, markiert durch mannshohe Metallstelen in Rot, Blau und Gelb, die die jeweilige Perspektive des Künstlers auf seine Motive wie die Mauerstraße, Gänsestraße, Klarissenkirche oder den Klosterteich durch »Bildausschnitte« in den Stelen verdeutlichen. Eine der insgesamt zehn Stelen steht am Hafen. Die dazu gehörige »Natur-Notiz« trägt das Datum des 17. September 1921. Am nächsten Tag macht Lyonel Feininger einen Abstecher nach Ahrenshoop für einen Kurzbesuch. Auf welchem Dampfer, ist nirgendwo dokumentiert. Ebenso wenig lässt sich rekonstruieren, ob er die Beschreibung der Boddenüberfahrt aus dem Reisebuch *Durch Mecklenburg* (1920) gelesen hat: «War's auch keine Amerikafahrt, sie dauerte ja nur ein Stündlein, so war doch die Erwartung nicht weniger bedeutend wie bei einer Reise über ›das große Wasser‹. Fischland, das klang so weltenfern und weltenfremd, so ozeanisch, beinahe wie Neufundland.«

In der Klostergalerie hält man es für vorstellbar, dass Lyonel Feininger mit dem Fahrrad, was er liebend gern benutzte (Usedom erkundete er mit einem der Marke Cleveland Ohio), über Wustrow, Niehagen und Althagen nach Ahrenshoop aufbrach – in Gedanken an Julias Herbstzeilen 1905 über Ribnitz, ihre »Märchenstadt«. Vielleicht aber bestieg er doch einen Dampfer, berauscht von der Atmosphäre an Bord wie sie das Mecklenburger Reisebuch eingefangen hat: »Es war, als hätte ein Regenbogen sich in seine einzelnen Farben gelöst und wie in Schleier verklärend über diesen Landgürtel gelegt. Hier leuchtete ein Stück im schönsten Rötlichviolett, dort im klarsten Lichtblau, hier grünlich, weiterhin gelbgrün, dort zartrötlich, daneben orange, dann wieder dunkelblau; die ganze Farbenskala konnte man beim Rundblick um den Bodden unterscheiden. (…) Nach einer Weile, während wir durch die gelbgrün schillernden Wogen (…) nordwärts eilten, gewann der vor uns liegende Teil des Landes an Deutlichkeit.«

Anlegen im Hafen von Wustrow. Tuten. Möwengeschrei.

Lachmöwen

Boddenschilf am Althäger Hafen

Boddenschilf und Seegraswiesen

Hoch gewachsen, wiegen und biegen sich die Halme im Wind. Umsäumen wie breite Schärpen Landzungen, Haffs und Inselbuchten. Ihre braunvioletten Blütenbüschel, fransig und schmeichelweich, werden bis zu fünfzig Zentimeter lang. Sumpfohreulen und Bartmeisen fühlen sich unter ihrer Obhut wohl. Wildbienen, die bedrohten solitären Feinschmecker, finden hier Nektar und Pollen. Sumpfrohrsänger und Rohrschwirle stimmen auf Sitzwarten Konzerte an. Die meisten Röhrichtbewohner sieht man nie, erahnt ihre Anwesenheit nur durch ihr Sirren, Fiepen, Zischeln. Zuweilen nehmen Fledermäuse Kurs auf das Revier – nachts, wenn die Milchstraße ihre Laternen anknipst und das Boddenschilf wie rauschende Abendrobe illuminiert.

Selten tiefer als drei Meter, ist der Bodden ein wunderliches Gebilde. Seine Form gleicht von oben einem länglichen Tintenklecks. Und wie dieser beim Pusten neue Umrisse erhält, bekommt der Bodden durch den Wind ständig neue Konturen. Mehr noch durch Sturm. So ist es mit der Ruhe und dem Glanz auf dem Wasserspiegel vorbei, wenn Südwestwind über den Bodden fegt und Wogen auftürmt, die die Boddenwiesen überschwemmen. Kalter Nordost führt im Winter Schneemärchen auf. Eisnadeln schweben über dem gefrorenen Silbertablett, bis es wieder taut.

Träume sind Schäume. Träume vom Schilf, wird gesagt, deuten daraufhin, dass jene, die im Schlaf der Sumpfpflanze begegnen, sich im Wachen klug und bedächtig äußeren Bedingungen anpassen können. Übergänge spielen dabei eine tragende Rolle, Schnittstellen zwischen nicht mehr und noch nicht. Warten, statt vorschnell Zeichen setzen.

Unter der Boddenoberfläche wogen Seegraswiesen träge hin und her, die, getrieben allein von der Strömung, unermüdlich damit beschäftigt sind, Schadstoffe aus dem Wasser zu filtern und das wichtige Lebenselixier Sauerstoff zu produzieren. Seenadeln, die Top Models im dreidimensionalen grünen Unterwassergewirr, wozu auch die Meersaite gehört, leben hier nach Gesetzen, die nur sie und die ungezählten Arten, darunter Muscheln, Schnecken, Krebse, um sie herum verstehen. Hornhechte, die Fische mit den grünen Gräten, legen in den Seegraswiesen ihre Eier ab. Aber nicht nur sie. Jungfische verstecken sich in der Wunderwelt vor feindlichen Übergriffen und Räubern.

Bitte nicht stören!

ZAUBERSTILLE WEITEN UND SILBERNES LICHT

Mit Paletten und Staffeleien ins Naturatelier

Es geschah im Einweihungsjahr des Eiffelturms in Paris, dem damals höchsten Bauwerk der Welt, als junge Maler um Fritz Mackensen und Otto Modersohn in der verwunschenen Landschaft namens Teufelsmoor vor den Toren Bremens die Künstlerkolonie Worpswede aus der Taufe hoben. Im selben denkwürdigen Jahr, 1889, entdeckt Paul Müller-Kaempff auf einer spätsommerlichen Wanderung von Wustrow aus auf dem Hohen Ufer Richtung Darß jenes bescheidene, hinter weißen Dünen eingegrabene Nest, in dem er wenig später seinen Kolonietraum verwirklicht: Ahrenshoop. Für den nach Stille Suchenden, kaum älter als seine Worpsweder Kollegen, bietet sich »ein Bild des Friedens und der Einsamkeit«, so seine viel zitierten *Erinnerungen an Ahrenshoop* (1926) in den *Mecklenburgischen Monatsheften*: »Die Dünen gekrönt von uralten Weißdornbäumen, Stechpalmen und wilden Rosen. Das war ein Studienplatz, wie ich mir immer gewünscht hatte.« Während der Niederschrift dieser Gedanken steuert Paul Müller-Kaempff auf die fünfundsechzig zu, und schon seit mehreren Jahren hat er seinen Wohnsitz in Berlin. Was bewahrt ein Gedächtnis auf, welche Fäden zur Vergangenheit bleiben, welche reißen ab, verlieren sich im Strudel von Höhen und Tiefen, Kümmernissen und Glück?

Das Wirken der Worpsweder Künstler wird bis zur Jahrhundertwende zum Gegenstand fachwissenschaftlicher wie fachsimpelnder Betrachtungen unterschiedlichster Couleur. Seit ihrem gemeinschaftlichen Auftritt 1895 im Münchner Glaspalast avanciert die Moordorf-Vereinigung zu einem fest stehenden Begriff, in der Kunstszene kennt man ihre Sujets. Mit einem ungewöhnlichen Beitrag zum Entschlüsseln der Bildsprache vor dem Hintergrund der Geschichte der Landschaftsmalerei tritt Rainer Maria Rilke an die Öffentlichkeit: *Worpswede* (1903) heißt sein Buch in der noblen Reihe Künstler-Monographien bei *Velhagen & Kla-*

ges. Markenzeichen der über sechzig lieferbaren Bände sind die gold geprägten Buchstaben auf burgunderrot-cremefarbenem Titelblatt. Mit geschmückten Versalien in Fraktur schickt der Verlag zu Rilkes Abhandlung voran: »Von diesem Werke ist für Liebhaber und Freunde besonders luxuriös ausgestatteter Bücher außer der vorliegenden Ausgabe eine nummerierte Ausgabe veranstaltet, von der nur 50 Exemplare auf Extra-Kunstdruckpapier hergestellt sind.« Rilkes Buch ist eine Auftragsarbeit, vermittelt durch den Kunsthistoriker Gustav Pauli, Vorstandsmitglied der Kunsthalle Bremen und ab 1905 deren Direktor. Er möchte dem aus Prag stammenden Lyriker helfen. Denn nach der Hochzeit mit der Bildhauerin Clara Westhoff im Frühling 1901 und der Geburt ihrer Tochter Ruth im Winter gerät der Sechsundzwanzigjährige, für die Rolle eines Familienvaters ohnehin überfordert und wohl auch ungeeignet, in eine beklemmende finanzielle Lage. Noch vor Erscheinen seiner Kraft zehrenden Publikation, die zwar keinen Goldregen bringt, aber ein solides Honorar, ist der Dichter und Kunstschriftsteller auf dem Weg nach Paris. Allein. Auf sich und seinen Kosmos konzentriert.

Derweil macht die Lektüre über Mackensen und Modersohn, Fritz Overbeck, Hans am Ende und Heinrich Vogeler nicht zuletzt »als Zitatenschatz und Formulierungshilfe« Karriere, so der Hamburger Literaturhistoriker Bernd Stenzig anlässlich des hundertjährigen Jubiläums der Monographie, das die Kunsthalle Bremen mit dem bühnenartig aufgebauten Projekt *Rilke. Worpswede. Eine Ausstellung als Phantasie über ein Buch* (2003) kritisch würdigte und ehrte. Bis heute wird gern auf Rilke Bezug genommen, wenn es darum geht, jene Momente nachzuvollziehen, aus denen heraus Malerinnen und Maler – wie eben in Ahrenshoop – mit Paletten und Staffeleien ins Naturatelier drängten: »Es ist interessant zu sehen, wie auf jede Generation eine andere Seite der Natur erziehend und fördernd wirkt«, hebt Rilke in seinem breit ausgerollten Einleitungsbogen zum Worpswede-Buch hervor. »Unsere Seele ist eine andere als die unserer Väter«, fährt der Sohn eines Bahnbeamten fort, um schließlich zu erklären: »Woran unsere Väter in geschlossenen Reisewagen, ungeduldig und von Langeweile geplagt, vorüberfuhren, das brauchen wir.

Wo sie den Mund auftaten, um zu gähnen, da tun wir die Augen auf, um zu schauen; denn wir leben im Zeichen der Ebene und des Himmels. Das sind zwei Worte, aber sie umfassen eigentlich ein einziges Erlebnis: die Ebene. Die Ebene ist das Gefühl, an welchem wir wachsen. Wir begreifen sie und sie hat etwas Vorbildliches für uns; da ist uns alles bedeutsam: der große Kreis des Horizontes und die wenigen Dinge, die einfach und wichtig vor dem Himmel stehen.«

Jene Ebene, an der die Worpsweder Künstler wuchsen, war in den Augen Rilkes ein »seltsames Land«. Vom kleinen Sandberg aus, auf dem sich das Moordorf befand, habe man es überblicken können: »Flach liegt es da, fast ohne Falten und die Wege und Wasserläufe führen weit in den Horizont hinein. Dort beginnt ein Himmel von unbeschreiblicher Veränderlichkeit und Größe. Er spiegelt sich in jedem Blatt. Alle Dinge scheinen sich mit ihm zu beschäftigen, er ist überall. Und überall ist das Meer. Das Meer, das nicht mehr ist, das einmal vor Jahrtausenden hier stieg und fiel und dessen Düne der Sandberg war, auf dem Worpswede liegt. Die Dinge können es nicht vergessen. Das große Rauschen, das die alten Föhren des Berges erfüllt, scheint sein Rauschen zu sein, und der Wind, der breite mächtige, bringt seinen Duft. Das Meer ist die Historie dieses Landes. Es hat kaum eine andere Vergangenheit.«

Die Ebene, an der die Ahrenshooper Künstler wachsen, und von Beginn an prägen Malerinnen das Fluidum in der Kolonie maßgeblich mit, ist jener in Worpswede ähnlich. Doch nur zunächst. Ein Himmel von unbeschreiblicher Veränderlichkeit – ja, ein solcher überspannt Dünen und Strand. Überall ist der Himmel. Und überall das Meer, das nicht mehr ist – nein, überall die Ostsee, ein Binnenmeer, das indes nicht immer gewesen ist. Als Hinterlassenschaft der letzten Eiszeit bildete es sich vor zwölftausend Jahren heraus. Stürme, neuerdings häufiger schwere Orkane, und aufgepeitschte Ostseefluten bemächtigen sich der Küste, rauben am Hohen Ufer gefährliche Mengen Sand und spucken diesen um den Leuchtturm Darßer Ort wieder aus. Werden. Vergehen. Wachsen. Verblühen. Ein ewiger Kreislauf. Stimmgabel und Taktstock halten die Elemente in ihrer Hand. Auch in Ah-

Boddenwiese hinter der Schifferkirche Richtung Born

Steilufer im Sturm

renshoop können die Dinge nichts vergessen. Zugleich sind sie Zeugen inmitten des Geschehens. Das große Rauschen hallt nicht aus verschwundenen Kulissen. Es ist real. Schließlich der Meeresduft. Er erfüllt die Ostseeluft, die wie eine Frischzellen-Kur auf Geist und Körper wirkt. Erdgeschichtliche Umwälzungen schufen die eigentümliche Gestalt von Fischland und Darß, Wind und Wellen formen sie unaufhaltsam weiter im Hier und Jetzt. Die Landschaft beflügelt, eröffnet zauberstille Weiten, betört mit ihrem Licht. Und diese Phänomene sind es, die schon damals Anna Gerresheim und Elisabeth von Eicken, Friedrich Wachenhusen und alle ihnen folgenden Freilichtenthusiasten – dargestellt in den bekannten Enzyklopädien – magisch anziehen.

*

Die meisten Mitglieder der Künstlerkolonie wie auch die Sommerfrischler, die sich in den bald errichteten Hotels, Pensionen und Privatunterkünften einquartieren, kommen aus »Berlin! Berlin!«. Die zur Mode gewordene Verdoppelung symbolisiert das galoppierende Tempo und die rasant steigenden Einwohnerzahlen im Chicago an der Spree. Alles muss dalli, dalli und reibungslos funktionieren. Moderne Technik und eine um sich greifende Anonymität verdrängen die alte Gemütlichkeit: Geschiebe auf steilen Rolltreppen. Gedränge in den stickigen Schächten der Untergrundbahn. Heißhungrige Spekulanten schlucken riesige Grünflächen. Groß, größer, Berlin. Kein Superlativ, das es in Deutschlands schrillster Metropole voller Laster, Lärm und Leuchtreklame nicht gibt. Beim Einschiffen ins neue Jahrhundert verzeichnet das Berliner Einwohnermeldeamt rund eine Million achthundertachtundachtzigtausendachthundert Personen, darunter massenhaft Zugezogene. 1905 wird die Zweimillionenlatte übersprungen. Spinnennetze aus Oberleitungen und Telegraphenmasten zerschneiden Sonnenstrahlen. Kein Mond in den Hinterhöfen der Mietskasernen. Fabrikschlote jagen ihren Rauch über die Dächer der Stadt. Weißt du, wie viel Sternlein stehen an dem blauen Himmelszelt? Weißt du, wie viel Wolken gehen weithin über alle Welt? Gott, der Herr, hat sie gezählet, dass ihm auch nicht eines fehlet…

Die neue Volkskrankheit heißt Nervosität, nicht selten gepaart mit hämmerndem Kopfschmerz, wogegen Aspirin empfohlen wird, 1899 patentiert. Zu Risiken und Nebenwirkungen frage man gar nicht erst, fahre besser nach Ahrenshoop.

Und damit zurück zur Künstlerkolonie.

*

Eine Stimmung »tiefsten Ernstes und vollkommener Unberührtheit« ergreift Paul Müller-Kaempff, als er sich Ahrenshoop auf seiner Schicksalswanderung Schritt für Schritt nähert. Kein Mensch weit und breit. »Nirgends ein öder Nützlichkeitsbau mit Pappdach, nichts was den Gesamteindruck störte«, schildert er weiter in seinen Erinnerungen, »kein Drahtzaun, keine Reklametafel«. Die Pappeln beiderseits der Dorfstraße wurden 1886 zum Schutz gegen den aufwirbelnden Dünensand, der den Boden knöcheltief bedeckt, gepflanzt. Katen liegen verstreut. Auf den Boddenwiesen dösen wiederkäuende Kühe. Schafe grasen in sacht hügeligen Mulden. Dazu Wolken in jeglicher Gestalt, übereinander geschichtet, in Schleiern oder zu Watte gebauscht, in allen nur denkbaren Schattierungen, und diese lassen sich wunderbar praktisch aus Farbzinntuben auf die Leinwand bringen – jener segensreichen Errungenschaft aus den Pioniertagen der Freilichtmalerei, die sich nach 1830 von Barbizon südlich der französischen Hauptstadt im Wald von Fontainebleau über Europa ausbreitete.

Die Bildmotive der Ahrenshooper Künstlerkolonie speisen sich aus der ländlichen Szenerie und einer Fülle von Naturschätzen, die – ein kurzes Vorspulen sei hier erlaubt – als »Tafelsilber« in die Geschichte der deutschen Einheit eingehen. Viele Gemälde und Aquarelle ähneln sich, ergeben mit den ausgewählten Dingen, »die einfach und wichtig vor dem Himmel stehen«, einen Bildkanon, leicht und ungekünstelt. Jedes Werk offenbart indes eine eigene Sicht: auf das mystische Waldesinnere, schlafende Fischerboote, Getreidehocken auf Feldern, mit Schilfrohr gedeckte Dächer, sommerwarme Dünenwege, Holunderbüsche und wieder und wieder die Ebene vorm Kreis des großen Horizonts. Solches in eine Kunstform zu bringen, bedeutet stets auch, die Zeit für eine gewisse Dauer anzuhalten. Aber die Uhren ticken weiter. Die Ge-

Stranddistel

genwart zerrinnt, ist bereits vergangen, während sie mit Öl, Gouache, Kohle oder Graphit festgehalten wird. Und so birgt ein und dasselbe Bild mehrere Bilder. Diesem Geheimnis lässt sich in der Dauerausstellung über die Ahrenshooper Künstlerkolonie im 2013 eröffneten Kunstmuseum nachspüren. Bevor der Eintritt bezahlt und die Garderobe im Schließfach verstaut ist, auf keinen Fall versäumen, sich jenem Farbpoeten zuzuwenden, ohne den die Werke der Künstlerkolonie kaum denkbar sind: Carl Malchin, 1838 in Kröpelin (zwischen Wismar und Rostock) geboren.

Umwege, die bekanntlich die Ortskenntnis erhöhen, führen den Erdverbundenen zur bildenden Kunst. Start: das Großherzogliche Vermessungsbüro in Schwerin, an dem er nach erfolgreichem Abschluss seines Studiums der Geodäsie am Polytechnikum München, der späteren Technischen Universität (TU), 1871 eine Stelle antritt. Die Tätigkeit garantiert eine gesicherte Existenz und fordert den Kammeringenieur, so die offizielle Berufsbezeichnung, heraus, besonders durch das präzise Schauen, was seinen künstlerischen Neigungen zugute kommt. Carl Malchins Leidenschaft gilt nämlich der Malerei. Und dieser frönt er bereits in der bayrischen Kunstmetropole, wo er neben seinen Lernverpflichtungen fiebrig vor Neugier Künstlerateliers besucht und Beziehungen zu Vertretern der Schule von Barbizon knüpft. Dass Carl Malchin ein begnadeter Zeichner und Kolorist ist, spricht sich in Schwerin herum. Begabung braucht Förderung, weiß kein Geringerer als Hofmaler Theodor Schloepke und empfiehlt Großherzog Friedrich Franz II., dem sympathischen Landvermesser ein Stipendium an der Kunstschule Weimar zu gewähren, wie es auch geschieht. Zurück in der mecklenburgischen Residenz, übernimmt Carl Malchin die Position des Restaurators an der Großherzoglichen Gemäldegalerie. Ein Glückslos! Denn beim Reinigen verschmutzter Oberflächen, Entfernen von Übermalungen, Ausbessern sowie Auffrischen mit Firnis vornehmlich von Werken flämischer und niederländischer Meister des 17. Jahrhunderts (bis heute in Schwerin eine Spitzenkollektion europäischer Sammlungen auf diesem Gebiet) vermag der Perfektionist Carl Malchin die Farbgestaltung lupenscharf zu analysieren, wovon er für seine eigenen Arbeiten profitiert. 1881 reist er erstmals zum Malen an die Ostsee: nach Boltenhagen und Graal, 1882 nach Wustrow, Niehagen, Althagen und Ahrenshoop. Er liebt das alte Mecklenburg, besonders das einfache dörfliche Leben, das durch die gesellschaftspolitischen Umbrüche auch hier im Untergehen begriffen ist. Akribisch genau malt er (im Freien auf Hunderten Holzdeckeln von Zigarrenkisten), was er empfindet und sieht. Bis 1900 fügt sich daraus ein ganzes Landschaftspanorama zusammen. Topografisch geordnet, zierte dieses wie ein Fries einen eigenen Saal in der Ausstellung *Von Barbizon bis ans Meer. Carl Malchin und die Entdeckung Mecklenburgs* 2019 im Staatlichen Museum Schwerin. Besuchertrauben standen wie gebannt vor den Preziosen, tauschten sich nicht ohne Wehmut über verschwundene Orte ihrer Kindheit aus, über Geräusche und Gerüche etwa nach frisch gemolkener Milch oder gedroschenem Stroh. Sorgsam aufbereitete historische Diapositive (ein sensationeller Fund 2002 in einem Schweriner Antiquitätengeschäft) komplettierten Carl Malchins Bilder aus Fotografenperspektive. Unter dem Motto »Malchin Sound« wurden eigens für die Ausstellung zeitgenössische Klavierstücke neu eingespielt, wozu im *Malchin Magazin* (2019), einem Begleitheft neben dem umfangreichen Katalog, erläutert wird: »Wenn Bilder klingen könnten, würden die Gemälde von Malchin sich vielleicht nach Hermann Bendix anhören. Etwas jünger als Malchin, lebte Bendix in Damgarten und ist heute weitgehend vergessen. Zu Unrecht, wie wir finden!«

*

Ein Spitzname macht spätestens 1894 in Ahrenshoop die Runde: Pümke. Eine originelle Idee wohl aus PMK, dem Signet von Paul Müller-Kaempff (nicht auf allen seinen Werken, aber auf den meisten Zeichnungen). Urheber? Vielleicht ein Künstlerfreund beim Zuprosten in der Wohnstube, Dorfstraße 18, wo sich der Organisator und Conférencier der Künstlerkolonie 1892 in einem eigenen Haus niederließ. Pümke könnte aber auch in der Sommermalschule, Villa St. Lucas (heute Künstlerhaus Lukas), Dorfstraße 35, entstanden sein. In dieser zwei Jahre später von ihm erbauten Einrichtung mit Pension melden sich haupt-

Neustadt Holstein – Altenkrempe September 02
Fräulein heisst ja "Emma", die kann's heut nicht!

Wie schön war der Sommer
Wie traurig ist's Gehen!
Ich scheide aus dem lieben
gastlichen Hause mit herzlichstem Danke und
hoffe fest auf ein Wiedersehen!

[illegible] rie am Ende
Dresden

Kurz ist [illegible] Leben hier
Zu geniessen was vergänglich ist
Darum weil ich morgen scheiden,
[illegible]
[illegible] Sommer ich wieder
[illegible] meine selben Lieder
Frage dann ob warm ob kalt
Blumen [illegible] u. den [illegible]
[illegible] bis an den [illegible]
Sommerzeiten [illegible] !

Elisabeth Traun
([illegible])

02.

O. Jaekel.

Preisend mit viel schönen Reden
Der Motive Art und Zahl
Und des Müller-Kaempf'schen Hauses
Blitzt der Dichtkunst froher Strahl

Kommt nun auch an mich die Reihe,
Lob ich, was mir Freude macht,
Dass im Ort und an der Tafel
Frohsinn und Behagen lacht

Dass dem Kerl von Mensch die Sonne
Und der Wind das Fell bestreicht
Und ihm der Ernährung Arbeit
Immer zum Genuss gereicht

Ahrenshoop 30. VIII 07. Dr. Otto Jaekel

Aus dem Gästebuch von Paul Müller-Kaempff

sächlich höhere Töchter an, darunter in der ersten Saison Marie Elsbeth (Rufname Else) Schwager, 1897 seine Ehefrau. Wenn man dem Gästebuch Glauben schenken darf, ging es bei »Pümkes« und in der Malschule alles andere als sittenstreng zu: »Hei, das war ein fröhlich Leben / Und ein echtes Künstlerstreben / Herrschte in der Colonie, / Witze riss man wie noch nie / Auch entstanden Bilder.« Die Stimmung schien bestens, eingespielt in einen vermutlich nur hier vernehmbaren Grundton a: angeheitert, aufgedreht, ausdauernd albern, aber auch artig, adrett: »Liebe Menschen, / Schöne Tage, / Frei von Sorge, / Frei von Plage.« Manche verewigen sich ganzheitlich galant:

Farbe auf die Leinwand bringen
Bowle trinken, Lieder singen
Sprachtalente leicht erringen
Dies muss mit viel schönen Dingen
Und auf leichten Geistesschwingen
Alles in Ahrenshoop gelingen

Umrankt von Zeichnungen mit Bleistift, Tusche und Kreide sowie unscharfen und verwackelten Schnappschüssen beim Stelldichein mit Zigarren und Wein, die dem Gästebuch einen unvergleichlichen zeithistorischen Wert verleihen, verausgabt sich jemand im Allegro – hier das Herzstück (im Original ellenlang):

Auf der Weide viele Kühe,
Auf den Feldern viel Geblühe,
In den Wäldern viele Mücken.
In den Sümpfen viele Brücken,
Rechts Gewässer, links Gewässer,
In der Mitte ein Professor,
Den als Maler von Talent
Längst ein Jeder schätzt und kennt.
Unter alten Silberpappeln
Sieht man ihn geschäftig zappeln.
Ohne viele Etikette braucht er Pinsel und Palette,
Wolken malt er, Bäumchen, Häuschen,

Ochsen, Ferkel, Blumensträußchen,
Manchmal dunkel, manchmal heller,
Manchmal langsam, manchmal schneller,
Manchmal fängt er zeitig an, manchmal spät –
Wer das so kann!

Nicht näher identifizierbare »Tin-Tanten« bekennen frank und frei: »Müllerin, hier war es sehr fein, Paulchen braucht gar nicht zu Hause zu sein.« Ein malender Gockel kräht über »Paletteusen«, worüber diese nur gackern können. »Hier famos / immer wat los.« Manche ziehen Bilanz: »Wir waren alle so recht Naturmensch / Hatten abgestreift den alten Kulturmensch.« Ein Hoch auf die Verpflegung: »Butter, Käse, Braten, Fisch / Kam Tag für Tag sehr reich zu Tisch.« Kabarettreif dichtet ein gemischtes Quartett, das sich »Gesellschaft mit behafteter Beschränkung« nennt. Zum Abschied wird oft auf Pümke getrunken: »Freundschaft, schöner Götterfunken!«

Das Gästebuch wimmelt von Anspielungen (»Der Rest ist Schweigen, sagt Fräulein Aigen«), die heute kein Mensch mehr versteht. Das gilt auch für die vielen Spitznamen wie »Angora Kratzbürste« und »Schmatzaffe aus Berlin«, vor allem aber »Mieze Umschlag«, alias Marie Prausnitz, ebenfalls aus Berlin. Am 7. August 1905 trägt sich die Malschülerin erstmals im Gästebuch ein: »Gott bei dir war es so schön. Tausend Dank – Auf Wiedersehen!« Am 7. August 1906 taucht sie wieder auf, zwischen »Mieze« und »Umschlag« nun mit wenigen Strichen eine Katze von hinten platziert. 1907 ist eine männliche Begleitung namens Lodemann mit von der Partie, am 25. August im Gästebuch mit drei Ausrufezeichen versehen:

Mit meiner Braut
in Ahrenshoop
das reimt sich zwar nicht
und war doch ein Gedicht.

Direkt darunter die Braut, die sich 1908 traut: »Ich sag dieses Mal nur: Bade zu Hause!« Nichts Genaues weiß man auch hierzu

Herzlichsten Dank!

Ahrenshoop, 12. Oct. 06.

M. H. Braun.

Herzlichen Dank für diese hübsche Zeit und auf ein frohes Wiedersehen übers Jahr

Eure dankbare

Alie.

Ahrenshoop Sept. 24 bis 15 Oct.

Ahrenshoop 17.10.06.

In Dankbarkeit. Walter Liebenthal.

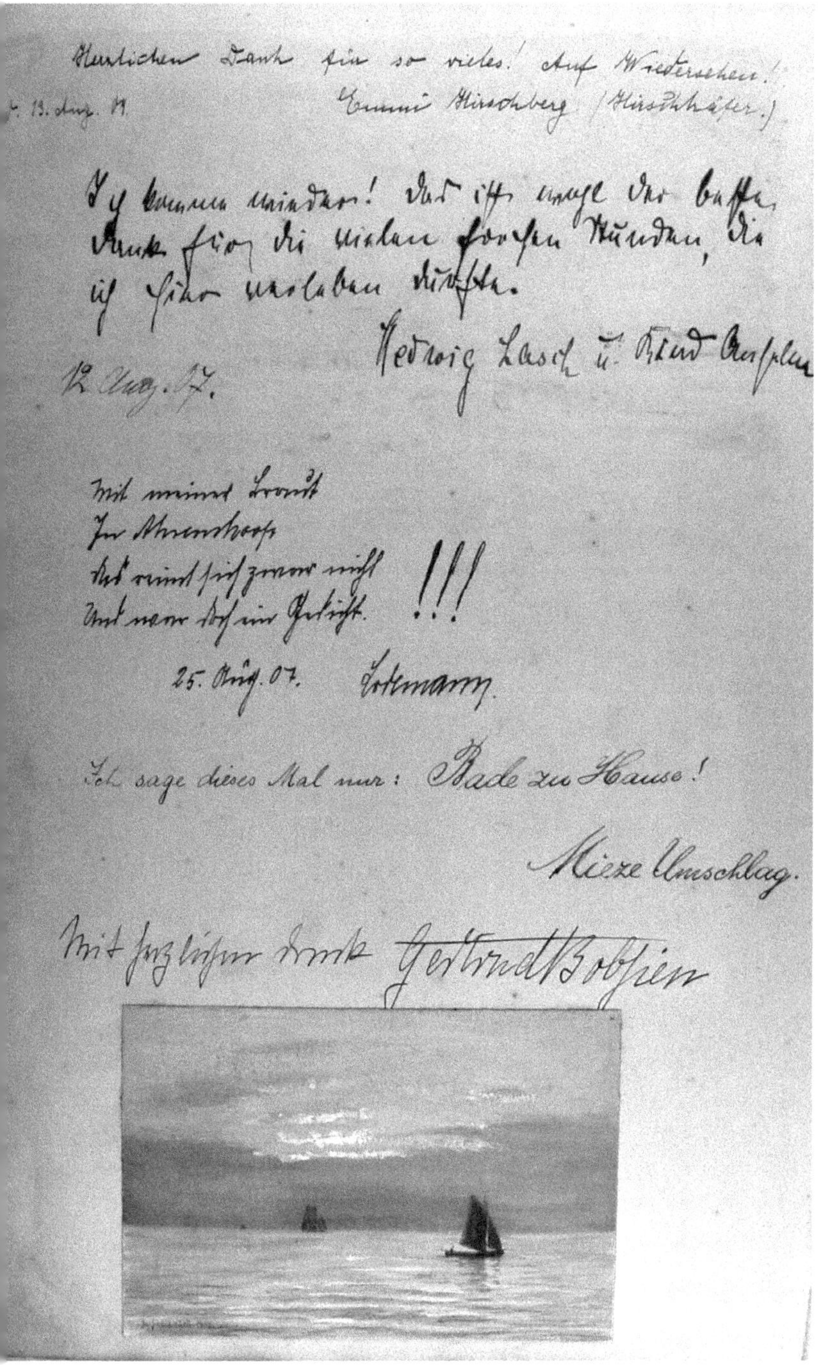
Herzlichen Dank für so vieles! Auf Wiedersehen!

13. Aug. 17. Emmi Hirschberg

Ich komme wieder! Das ist wohl der beste Dank für die vielen frohen Stunden, die ich hier erleben durfte.

Hedwig Lasch u.

12. Aug. 17.

Mit meinem Dank
Für Ahrenshoop
Das reimt sich zwar nicht
Und war doch ein Gedicht. !!!

25. Aug. 07.

Ich sage dieses Mal nur: Bade zu Hause!

Mieze Umschlag.

Mit herzlichem Dank Gertrud Bobsien

Aus dem Gästebuch von Paul Müller-Kaempff

nicht. Das bestätigt Katrina Scharf, die Enkelin von Marie Prausnitz. In ihrem Nachlass hatte sie eine Malmappe aus Ahrenshoop entdeckt, in der eine zusammengefaltete Bleistiftzeichnung mit dem Titel: *Pümke s. l. Miezeken! Der Doppeladler in Wieck* steckte. Darauf abgebildet Rücken an Rücken ihre Großmutter mit Paul Müller-Kaempff. Schon in der Familie wurde Marie oft Mieze genannt. Aber was bedeutet »Umschlag«? Und wofür steht das Wappentier? Feldforschung war angesagt. Und so fuhr Katrina Scharf von ihrer Wahlheimat Schleswig-Holstein 1990 erstmals nach Ahrenshoop. Klapperte im Dorf die einschlägigen Adressen ab. Erkundete das Darß-Dorf Wieck. Jahr für Jahr kehrt sie seither wieder, beharrlich den Rätseln auf der Spur. Mit detektivischer Gründlichkeit fand sie dabei heraus: Jene Zeichnung ist das einzige Selbstbildnis von Paul Müller-Kaempff, seine einzige Zeichnung auch von einer Malschülerin. Zwar fertigte er vereinzelt Skizzen. Aber lediglich als Beiwerk oder Randnotiz. Und noch etwas: Pümke hatte Marie Prausnitz in Ahrenshoop zwei große Gemälde geschenkt, eine Winterlandschaft und ein für sein Œuvre ungewöhnliches Ostsee-Nachtbild. Beide Werke hängen mittlerweile im Hotel Fischerwiege neben dem Dünenhaus aus den Tagen der Künstlerkolonie auf dem Schifferberg. Für die Erbstücke der schönste Ort. Beherbergt das Hotel doch in seinen öffentlichen Räumen eine erlesene PMK-Sammlung, darunter im Kaminzimmer mehrere Gemälde auch von Else Müller-Kaempff. Ihr Steckenpferd waren Blumenstillleben mit Levkojen, Margeriten, Lilien, Fingerhut, Clematis, Pfingstrosen und Anemonen. Zudem malte sie das Interieur der Villa St. Lucas. Auf einem Ölbild ist ein für die Gründerzeit typischer Rauchtisch mit Messingplatte zu sehen. Vor dem Bild steht neben einem Sessel für die Hotelgäste ein zum Verwechseln ähnliches Original. Ein weiteres Erbstück von Mieze Umschlag, alias Marie Prausnitz, Marie Lodemann…

*

Die Ahrenshooper Künstlerkolonie währte ein knappes Vierteljahrhundert. Städtische Bauten, worunter der 1891 eingeweihte Kurhaus-Klotz den Vogel abschoss, hatten das Dorf an etlichen

Stellen umfrisiert. Zum Motor dieser Entwicklung wurden die Malerinnen und Maler oft selbst. Wie es mit den Geistern eben so ist, die man rief. Die Aura indes blieb. In diesem Sinne resümiert Paul Müller-Kaempff: »Am schönsten war es, wenn die Badegäste fort waren, wenn der Herbst mit seinen oft noch im November milden Tagen kam, wenn die Birken sich golden färbten, die Kirschbäume im leuchtenden Rot glühten, im Darß die Hirsche schrieen, auf den Feldern die Kartoffelfeuer brannten und die Gärten voll bunter Herbstblumen standen. Kam dann der Winter und brachte Schnee und Eis, dazu blauen Himmel und Sonnenschein, dann erblühte eine Fülle ungeahnter Schönheit. Und schnob der Nordost und jagte mächtige Wellen brüllend an Strand und Dünen, dass diese oft zur Hälfte fortgespült senkrecht wie eine Mauer standen, dann war es gar behaglich im eigenen Heim (…). Wie viele Bilder habe ich in den langen Jahren von Ahrenshoop, Alt- und Niehagen gemalt! In alle Winde sind sie zerstreut…«

ALBERT EINSTEINS SOMMERREISEN 1918 UND 1920

Pfeifen auf die so genannte Welt

»Morgen müssen wir in die Sommerfrische nach Ahrenshoop«, schreibt Albert Einstein am 24. Juni 1918 an seinen Kollegen und Klavierbegleiter beim privaten Geigenspiel, Max Born, Extraordinarius für theoretische Physik an der Friedrich-Wilhelms-Universität Berlin – »müssen« und »frische« sind im Brief unterstrichen. Einstein war skeptisch, ob er sich in dem Dorf tatsächlich erholen kann. Besorgnis erregende Monate liegen hinter ihm. Seine Ärzte hatten kurz aufeinander folgend eine Gelbsucht, Magen- und Darmgeschwüre diagnostiziert und verordneten zur Heilung strikte Bettruhe und eine spezielle Diät. Ausgebrannt von einem chronisch überfrachteten Pensum aus wissenschaftlichen Publikationen, Vorträgen sowie Lehrverpflichtungen und Gastprofessuren an den Universitäten Prag und Leiden, befindet sich Einsteins Gesundheit in einem prekären Zustand. Der achtwöchige Ostseeaufenthalt soll der Rekonvaleszenz des Neununddreißigjährigen dienen. Nichts liegt Cousine Elsa, die die Unterkunft im Alten Zollhaus, Dorfstraße 6, gebucht hatte, mehr am Herzen, als dafür die Verantwortung zu übernehmen. Und Einstein zeigt Gefallen. »Hier ist es prächtig, wie geschaffen für einen von meiner Sorte«, teilt er am 9. Juli Michele Besso mit, seinem besten Freund aus den gemeinsamen Jahren am Berner Patentamt, wo der Wahl-Schweizer aus dem schwäbischen Ulm nach seinem Studium an der Eidgenössischen Technischen Hochschule Zürich (ETH) von 1902 bis 1909 tätig war und seine umwälzenden Theorien von Zeit, Raum und Gravitation entwickelt hat. Schon in der Alten Kantonsschule Aarau spukt dem Gymnasiasten im Kopf herum: »Wenn man einer Lichtwelle mit Lichtgeschwindigkeit nachläuft, so würde man ein zeitunabhängiges Wellenfeld vor sich haben. So etwas scheint es doch aber nicht zu geben!« Der Satz stammt aus Einsteins autobiografischer Skizze in *Helle Zeit – Dunkle* Zeit (1956), herausgegeben

Alte Dorfstraße in Ahrenshoop

von dem Schweizer Schriftsteller, Kunstkritiker und Einstein-Vertrauten Carl Seelig, dessen Sammelband mit dem Zusatztitel *In memoriam Albert Einstein* auch eine Anekdote Hedwig Borns enthält. Beeindruckt von der postulierten »objektiven Wahrheit« der modernen Physik, hatte sie den Freund ihres Mannes gefragt: »›Ja, glauben Sie denn, dass es einmal möglich sein wird, einfach alles auf naturwissenschaftliche Weise abzubilden?‹ ›Ja‹, meinte er, ›das ist denkbar, aber es hätte doch keinen Sinn. Es wäre eine Abbildung mit inadäquaten Mitteln, so, als ob man eine Beethoven-Symphonie als Luftdruckkurve darstellte.‹ Das war tröstlich.«

Ahrenshoop wirkt im letzten Kriegssommer wie leer gefegt. Für den seit 1917 amtierenden Direktor des Kaiser-Wilhelm-Instituts für Physik, eine Atmosphäre eigentümlicher Entrücktheit, die ihn anspricht. Der Eigenbrötler ist gern für sich, nachdenkend, faulenzend, locker gekleidet, die Haare zerzaust. Und wenn er Lust hat, holt er seine Geige hervor, um sich mit Mozart-Sonaten zu regenerieren.

Die Badehäuser am Strand, in gebührlichem Abstand jeweils für Damen und Herren, wie verwaist. Marianne von Werefkin hatte sie 1911 zum Motiv ihrer Arbeiten in kontrastreichen Farben aus tiefem Blau, cremigem Weiß und glühendem Rot gewählt. Im Juni jenes Jahres verbringt sie mit Alexej Jawlensky anspruchsvoll projektierte Malferien auf dem Darß – beseelt von der Aufbruchstimmung zu neuen Ufern in der Kunst, die nur wenige Monate später den Blauen Reiter hervorbringen, was sich mit expressiver Leuchtkraft bereits in den Ostseebildern niederschlägt.

Albert Einstein genießt den Fischländer Alltag. Nur zwei, drei Fußminuten von der Dorfstraße entfernt, liegt hinterm Dünenwall das offene Meer. Vielleicht ist ihm vergönnt, an einem lauen Abend vom bläulich grün schimmernden Meeresleuchten verzaubert zu werden. Oder, vorbei an der 1880 erbauten Mühle, zu der schräg gegenüber vom Zollhaus-Quartier (hinter einer blickdichten Hecke noch heute existent) ein Sandweg führt, überm Bodden jenes geheimnisvolle Mondlicht zu bestaunen, wie es der Landschaftsmaler Louis Douzette, geboren 1834 im pom-

Strandwanderung zum Darßer Weststrand

merschen Tribsees, immer wieder in orangegelb-braunen und aschfahl-blaugrauen Tönen komponiert hat. Als Junge bewegte den »Magier der Nacht«, auf der Mondlichtbrücke in den Himmel zu spazieren. Aber da dies nur Sonntagskindern vorbehalten sein würde und er nicht wusste, ob er ein solches sei, blieb es bei der Imagination. Auf der alljährlich im August stattfindenden Ahrenshooper Kunstauktion sind Douzettes Mondscheinbilder sehr gefragt, sofern sie überhaupt unter den Hammer kommen. Denn sie sind rar.

Die lebenslustige und ebenso lebenstüchtige Elsa ist seit etlichen Jahren mehr oder minder heimlich mit Albert Einstein liiert. Muntert ihn auf und bekocht ihn in Ahrenshoop. Der allmählich Genesende bevorzugt einfache Kost. Bohnen mit Petersilienkartoffeln. Aber auch Fisch. Oder Omelett mit Steinpilzen und Maronen, selbst gesammelten natürlich. Bitte keine festgelegten Mahlzeiten. Alles spontan. Undatiert heißt es an Max Born: »Hier ist es wundervoll, kein Telephon, keine Verpflichtung, absolute Ruhe. Ich kann es gar nicht mehr begreifen, wie man es in der großen Stadt aushält. Das Wetter ist nun auch wundervoll. Ich liege am Gestade wie ein Krokodil, lasse mich von der Sonne braten, sehe nie eine Zeitung und pfeife auf die sogenannte Welt. (...) Ich lese hier unter anderm Kants Prolegomena und fange an, die ungeheure suggestive Wirkung zu begreifen, die von diesem Kerl ausgegangen ist und immer noch ausgeht.«

Fazit vor der Abreise in den Hexenkessel Berlin und damit wieder ins Rampenlicht, dem sich der gefeierte Wissenschaftler, wann immer möglich, geschickt entzieht: In »herrlicher Natur« habe er in Ahrenshoop »eine beneidenswerte Existenz« geführt.

*

Auch privat ist Albert Einstein ausgelaugt, als er 1918 mit Elsa und ihren Töchtern über Rostock und Ribnitz in Ahrenshoop eintrifft. »Schwere Tage des Grübelns sind hinter mir«, vertraut er am 20. August Michele Besso an. Die Zerrüttung seiner Ehe mit Mileva Marić, der Mutter seiner beiden Söhne, Hans Albert und Eduard, 1904 und 1910 in Zürich geboren, schleppt er als

Lieblingsmahlzeit von Silbermöwen: Fisch

belastendes seelisches Gepäck ständig mit sich herum. Von Einsteins Eltern wegen ihrer Herkunft aus Serbien beargwöhnt und brüsk abgelehnt, fehlt Alberts Liebe zu seiner einstigen Kommilitonin an der ETH ein stabiles Fundament. Zermürbend wiederum für Mileva: Einsteins Hang zum sportlichen Flirt und Seitensprung (worunter auch Elsa später zu leiden hat) sowie der baldige Trubel um ihn in Berlin, wohin die junge Familie im April 1914 übersiedelte. Hals über Kopf verließ Mileva die Stadt noch vor der Mobilmachung im August Richtung Schweiz – zusammen mit Hans Albert und Eduard. Die Trennung von seinen Söhnen trifft Einstein hart. Milevas Weggang hingegen hakt er erleichtert ab. Behauptet er jedenfalls. Bis zur Scheidung im Februar 1919 ist noch etlicher Streit zu klären. Darunter das Sorgerecht, das Mileva schließlich zugesprochen wird. Ein ständiges Auf und Ab. Und Scherbenwegkehren.

Unterdessen überschlagen sich die politischen Ereignisse. Das Deutsche Kaiserreich stürzt von seinem Thron. Chaos auf den Straßen Berlins. Am 9. November 1918 notiert Einstein in sein Vorlesungsbuch zu seinem traditionellen samstäglichen Relativitätstheorie-Kolleg: »... fiel aus wegen Revolution«. Militarismus und »Geheimratsdusel« seien erledigt, glaubt der überzeugte Pazifist. Eine bittere Täuschung, wie sich schon bald zeigen wird.

Ein knappes Dreivierteljahr vor Inkrafttreten der Weimarer Reichsverfassung, die Albert Einstein auch wegen der darin verankerten Gleichstellung der Juden gut heißt und unterstützt, wird überraschend wahr, worauf der »Ingenieur des Universums« schon lange gehofft hat: Während der totalen Sonnenfinsternis am 29. Mai 1919 erbringt die Royal Astronomical Society (RAS) mit Sitz im Burlington House, London, im Rahmen einer spektakulären Expedition zu ausgesuchten Finsternispfaden in Südamerika und Afrika den Beweis: Die Lichtstrahlen an der Sonne werden – wie in der Allgemeinen Relativitätstheorie angenommen – gekrümmt! Die hellsten Sterne am Himmel gaben Einstein Recht.

Unter der Leitung des Astrophysikers Erwin Freundlich, ebenfalls ein Freund Einsteins, war bereits für die vorausgegangene totale Sonnenfinsternis am 21. August 1914 eine deutsche Expedition zu Finsternispfaden in Russland geplant. Kriegsbedingt musste das Team sein ehrgeiziges Vorhaben jedoch an den Nagel hängen.

Im Herbst 1919 verleiht die Rostocker Universität als erste (und bis zu Einsteins Emigration einzige) deutsche Lehr- und Forschungsstätte anlässlich ihrer 500-Jahr-Feier dem Physiker einen Ehrendoktortitel »in Anerkennung der gewaltigen Arbeit seines Geistes«, wie es in der Laudatio der ältesten Alma Mater im Ostseeraum heißt. Elsa, inzwischen mit Einstein verheiratet, gestatten: Frau Professor, ist mächtig stolz.

*

1920 geht es abermals nach Ahrenshoop. Mit Unterkunft nun in Althagen bei Bauer Friedrich Niemann, der zugleich Seemann ist. Und auch dieses Anwesen gibt es nach wie vor (nahe Neuem Kunsthaus und Käthe-Miethe-Bibliothek im Bernhard-Seitz-Weg). In der Fülle an Einstein-Biografien, die die Ostseereisen fast ausnahmslos nur streifen, sofern sie überhaupt erwähnt werden, weiß man von diesem Aufenthalt nicht viel mehr, als dass sich Einstein Ende Juni nach seiner Rückkehr in Berlin bei dem in Rostock ansässigen Physiker und Philosophen Moritz Schlick entschuldigt: »Nun bin ich doch vorbeigefahren, wenn auch wehmütigen Herzens. Aber ich war mit meiner Tochter und mit viel Handgepäck, so dass es sich nicht anders machen ließ (...). Mit herzlichen Grüßen auch an Ihre Frau und in dem Wunsche, Sie (dennoch) bald wieder zu sehen (...) Ihr Einstein.« Der Berliner Wissenschaftler hatte bei Max Planck mit einer Arbeit über die Reflexion des Lichts promoviert und sich 1911 an der Universität Rostock mit einer Schrift zum Wesen der Wahrheit habilitiert – Themen, die auch Einstein brennend interessieren.

1921 kann der frisch gekürte Nobelpreisträger (nicht für seine Relativitätstheorie, wie oft behauptet, sondern für seine Entdeckungen zum lichtelektrischen Effekt) mit seinen Söhnen – endlich! – an die Ostsee fahren. Ausgesuchtes Reiseziel: Wustrow. Schlicht und sparsam wie immer mieten sie sich beim Bäcker ein (heutige Adresse: Karl-Marx-Straße/Ecke Schulweg), obwohl genügend Hotels und Pensionen zur Verfügung stehen. Einsteins

Briefpartner ist in diesen Ferien der Privatgelehrte Hermann Anschütz in Kiel. Schon länger korrespondieren sie über eine Neukonstruktion des Kreiselkompasses, für den der promovierte Kunsthistoriker mit abgebrochenem Medizinstudium 1904 ein erstes Reichspatent erwarb. Erfüllt vom harmonischen Zusammensein mit Hans Albert und Eduard (betrüblich sei lediglich ihr eher »merkantiler« statt »metaphysischer« Geist), schreibt Einstein am 22. Juli vom Fischland nach Kiel: »Lieber Herr Anschütz! Ich sitze hier mit meinen zwei Söhnen in der Sommerfrische. Darf ich mich samt meinen Buben etwa für den 12. August bei Ihnen anmelden? Ich möchte dann den Stand unserer Frage an Ort und Stelle studieren. Vielleicht schreiben Sie mir vorher ein bisschen darüber, da ich hier schön Zeit habe zum Überlegen. Wenn Ihnen die Buben zu viel Einquartierung sind, bringe ich sie sonst wo unter…« Prompte Antwort: Selbstverständlich, herzlich willkommen, samt der Buben!

Dass Einstein zunehmend antisemitischen Anfeindungen ausgesetzt ist, was sich nach dem Mord am jüdischen Außenminister Walter Rathenau im Juni 1922 gefährlich zuspitzt, bleibt Hermann Anschütz nicht verborgen. Und so schlägt er Einstein nach dessen erneutem Ostseebesuch im Juli vor, nach Kiel zu ziehen und in seinem Laboratorium mitzuwirken. Für Einstein durchaus überlegenswert und nicht zuletzt wegen der Segelmöglichkeiten in der Förde attraktiv. Außerdem bietet man ihm die Villa des ehemaligen Direktors der Chirurgischen Universitätsklinik Kiel mit verwildertem Garten an, ganz nach seinem Geschmack. Doch Einstein lehnt ab, da Kaiserin Auguste Viktoria, die Gemahlin von Wilhelm II., in dem Objekt einige ihrer Kindheitsjahre verbracht hat. Am 22. Juli bedankt sich der Umworbene für die großzügige Geste aus Kiel: »Die Aussicht auf ein geradezu normales menschliches Dasein in der Stille, verbunden mit der willkommenen praktischen Arbeitsmöglichkeit (…). Dazu die wundervolle Landschaft, das Segeln – beneidenswert.« Dass die Villa nicht in Betracht komme, begründet er mit dem Argument: »Die Kieler würden den Ankauf eines historisch so schwer belasteten Gebäudes durch einen Juden als provokatorischen Akt empfinden und sich irgendwie an mir rächen; es gibt immer

Steilufer Richtung Wustrow

Möglichkeiten, wenn man nur will…« Verflochten mit Einsteins Eintreten für den Zionismus und die Gründung einer Hebräischen Universität in Jerusalem, dokumentiert dies der Physiker und Wissenschaftsjournalist Albrecht Fölsing in seinem 950-Seiten-Opus *Albert Einstein. Eine Biografie* (1993). Nach mehreren Hiddensee-Touren besucht Albert Einstein 1928 das beschauliche Scharbeutz in der Lübecker Bucht – es wird sein letzter Ostsee-Aufenthalt. Wie ein Jahrzehnt zuvor dient auch dieser seiner Rekonvaleszenz. Ein dramatischer Kreislaufkollaps hatte ihm zugesetzt. Wieder ordneten seine Ärzte Bettruhe und Diät an. Optimistisch schreibt er am 28. August seinem Physikerfreund Paul Ehrenfest, dass sich seine »Lebensgeister wieder kräftigen« und es erquicklich sei, »unter prächtigen Buchen an der Ostsee« außer Nichtstun nichts zu tun: »Dabei habe ich erst gesehen, was für ein blödsinniges Dasein man in der Stadt führt, und wie glücklich man in der stillen Abgeschiedenheit sein kann. Auch für das Denken ist es herrlich.«

*

Wenige Wochen vorm New Yorker Börsencrash 1929 ist Einsteins Sommersitz in Caputh südlich von Potsdam, das aus Oregon Pine gezimmerte »Häusle«, bezugsfertig. Hier findet der international Verehrte und in Deutschland zunehmend Verfolgte Ruhe und noch mal Ruhe, wonach er sich inständig sehnt. Seine Lieblingsbeschäftigungen sind schnell aufgezählt: Segeln mit seinem Jollenkreuzer (einem Geburtstagsgeschenk zu seinem Fünfzigsten) auf den Havelseen und barfuß herumvagabundieren, an Hitzetagen mit freiem Oberkörper. Elsa ermahnt ihren Gatten, sich zumindest bei angemeldeten Delegationen ordentlich anzuziehen. Wenn diese ihn sehen möchten, sei er da, soll Einstein erwidert haben. Wenn sie seine Kleidung sehen möchten, öffne er den Kleiderschrank.

Von der Hausangestellten in Caputh, Herta W., ist überliefert, dass der Langhaardackel eines Handwerksmeisters aus der Nachbarschaft häufig vorbei kam, Einstein auf Spaziergängen begleitete und auf der Sommerhaus-Terrasse immer dicht bei ihm lag. Einmal soll er sogar mit ins Auto nach Berlin gesprungen sein, wo

»Herr Professor« einen wichtigen Termin wahrnahm. In den USA umwedelt ihn ein kleiner Terrier, so die Lektorin der »Collected Papers of Albert Einstein« bei Princeton University Press in ihrem Buch *Einstein sagt* (2005), eine Übersetzung von *The Quotable Einstein* (1996). Der Emigrierte mochte ihn und hielt ihn für intelligent: »Er hat Mitgefühl mit mir, weil ich immer soviel Post bekomme, deswegen versucht er, den Postboten zu beißen…«

Kofferpacken für die Ostsee reizt Albert Einstein nicht mehr. Funktioniert doch das Pfeifen auf die Welt nirgendwo besser als in Caputh, dem einstigen Schifferdorf.

Einstudiert in Ahrenshoop.

Strandgräser

Strandhafer und Dünenveilchen

Genügsamkeit zeichnet sie aus. Eine aufrechte Haltung, Ausdauer und Verlässlichkeit. Mit ihrem wetterfesten Nervenkostüm halten sie selbst harten klimatischen Angriffen stand: der schmalblättrige Strandhafer und der Strandroggen, geläufig auch als blauer Halm, dessen Blätter deutlich breiter und – Vorsicht! – scharfkantig sind. Die Sandfreunde wachsen einträchtig nebeneinander in den Weißdünen (im Unterschied zu den Grau- und Braundünen, wo sich andere Pflanzen ansiedeln), festigen diese und häufen sie dadurch hoch und höher auf. Haben doch beide Gräser, speziell aber der zähe Strandhafer, die Fähigkeit, Sand aufzufangen und durch mehrere Sandschichten hindurch in stets kräftigerer Form zu gedeihen. Das horizontale wie vertikale Wurzelwerk (jeder Ausläufer misst bis zu sechs und mehr Metern) kriecht in alle Richtungen, wobei aus den Knoten größere und kleinere Kränze entspringen mit nicht minder ausgreifenden Nebenwurzeln. Eine endlose Geschichte, die buchstäblich im Sande verläuft.

Unbeirrt wachsen die Strandgräser weiter, wenn sich Sandfahnen auf sie legen. Selbst bei beachtlichen Mengen. Von klein auf sind sie das gewöhnt. Anders sieht es mit Fußtritten oder sonstigen Grobheiten aus. Sie bedeuten für die nichtsdestotrotz verletzbare Flora in der Regel das sofortige Aus. Zumindest aber massive Beschädigungen ihres diffizilen Dünenbaus.

Strandpflanzen sind Schicksalsgemeinschaften, die im nährstoffarmen Sandreich über ausgetüftelte Überlebensstrategien verfügen. Beispielsweise die Stranddistel. Früher wurde sie für Trockenblumensträuße aus den Dünen gerupft – eine Unsitte auch an der Nordsee. Hier wie dort steht die weißlich-graugrüne Schönheit, die viele Hotels und Pensionen mit ihrem Namen dekoriert (in Ahrenshoop zum Beispiel ein historisches Quartier auf dem Schifferberg), unter Naturschutz. Zudem wurde das Doldenblütengewächs mit den dornigen Zacken auf die Rote Liste stark gefährdeter Arten gesetzt. Als Wappenpflanze der Ostseeküste haben sich die Bestände gottlob wieder vermehrt. Nach wie vor wecken Stranddisteln aber Begehrlichkeiten und sind gegen Ignoranz nicht geschützt.

Dünenveilchen lächeln immer. Egal, was um sie herum geschieht. Zudem locken sie mit ihrem strahlenden Blauviolett, Weiß und Gelb Insekten an, die sich an ihren Offerten nicht satt naschen können. Wie gern würden die mädchenhaften Blumen mit der lateinischen Bezeichnung Viola tricolor in Tüll und Spitzenschuhen auf der Meerschaumlinie balancieren – eingehüllt vom Seenebel, wenn sich die Menschen ängstlich verziehen. Aber leider bleiben immer mehr am Strand, eilen sogar eigens herbei, um das Naturschauspiel (meist Ende des Frühlings auf dem Ostseespielplan) mit sich als Hauptfigur im Vordergrund smart zu fotografieren.

BERLINER PROMINENZ UM GEORGE GROSZ

Ohne jeden Zivilisations-Schnickschnack

In Wustrow knallen am 9. Oktober 1929 die Korken, wird gefeiert, gesungen, geklatscht: die Fischlandchaussee ist nach schleppenden Debatten und überzogener Bauzeit endlich fertig, der Verkehrsanschluss ans Festland geschafft. Die Gemeinden Ahrenshoop und Althagen sind hingegen enttäuscht und erbost, weil die Betondecke nur bis Niehagen reicht. Stärker denn je wirbelt nun störender Flugsand auf, was mit Wassersprengungen und aufgeschütteter Schlacke zwar eingedämmt, aber nicht beseitigt werden kann. Ungehalten ist man aus anderen Erwägungen in Ribnitz, wie Paul Kühl in seiner Stadtgeschichte erzählt: »Da die Rostocker Lieferautos den Fischländern die Waren bis vor das Haus bringen, so ist die Folge, dass die dortige und die Ribnitzer Geschäftswelt über schlechtere Umsätze klagt. Die Zahl der Sommergäste hat sich vermindert, weil durch die moderne Autostraße die Romantik des Fischlandes verloren ging. Es ist nicht mehr der sagenumwobene idyllische Winkel, den die Binnenländer ja gerade wegen seiner Weltabgeschiedenheit so liebten. Es scheint so, als ob die Zementchaussee das geschäftliche Band zwischen Ribnitz und dem Fischland fast zerschnitten, zum mindesten aber gelockert hat, anstatt daß sie es fester knüpfte. Selbst die früher durch den Durchgangsverkehr zu den Fischlanddampfern der Ribnitzer Geschäftswelt erwachsene Verdienstmöglichkeit fällt jetzt fort, da die Autos die Reisenden meistens unmittelbar vom Bahnhof zum Reiseziel bringen.« Immer mehr Gäste verzichten auf Fahrdienst und Bahn und kommen von zu Hause im eigenen Pkw der Marken Maybach, Horch, Opel oder Benz. Verkaufsschlager sind Cabriolets wie jenes hellblaue mit den klassischen Weißwandreifen, als Umschlagzeichnung auf dem vom Mecklenburgischen Verkehrsverband Rostock herausgegebenen und mit drei Autorundrouten ausgestatteten *Führer durch Mecklenburgs Städte, Ostseebäder,*

Dünenblick

Wochenendstätten und Sommerfrischen (1930) vorm Rostocker Tor in Ribnitz abgebildet.

George Grosz reist im Hochsommer 1930 mit seiner Frau Eva, geborene Peter, und ihren kleinen Söhnen, dem vierjährigen »Petropips« und Säugling Martin, auf alt bewährte Weise von Ribnitz über den Bodden an. Im Althäger Hafen werden sie von Hermann Abeking (die Familien kennen sich aus der Berliner Kunstszene) in Empfang genommen und nach einer gemütlichen Kaffeerunde in dessen Büdnerei nach Ahrenshoop gebracht. »Schön sich einfach auszuspannen«, schreibt Grosz am 12. August an Otto Schmalhausen, Spitzname »Oz«, seinen künstlerischen Weggefährten aus Berliner Dada-Zeiten und mittlerweile Schwager, verheiratet mit »Ettol«, Evas Schwester Lotte. Erschöpft von den wiederholten Anklagen und Gerichtsprozessen wegen seiner Anti-Kriegs-Grafiken und messerscharfen Satiren über die »Stützen der Gesellschaft«, sucht George Grosz auf dem Fischland und Darß vor allem eins: Distanz. Und das gelingt ihm wie schon 1918 in Zingst, wo er sich nach dem Kriegsschock mit Lazarett und anschließender Einweisung in eine Nervenheilanstalt in Evas »Salzseeaugen« verliebt, am besten kraulend und tauchend in den schäumenden Ostseewellen, mit Strandgutsammeln und Sandburgenbauen. Auf Fotos ihrer Ostseereise 1924 ins pommersche Sorenbohm zeigt sich der Braungebrannte am Strand in Aktion: »Eine Stunde Sandschippen verscheucht meine Grillen!« So nun also auch in Ahrenshoop. »Und siehe da …«, heißt es weiter in seinem Brief an Oz, »wenn man sich nach den ersten Tagen im Spiegel vis à vis steht … welch anderer Grosz«. Mit Fahrrädern erkunden sie die Umgebung, ob Richtung Wustrow, wo sich George und Eva 1928 erholen, oder durch den Darßer Wald ins Boddendörfchen Born. Aufgewachsen im pommerschen Stolp unweit von Leba mit den gewaltigen Wanderdünen, und auch hier verbringen sie Sommerferien, fühlt sich der Berliner Gastwirtssohn in seinem Element, wenn er im Kreise seiner Familie Borkenboote schnitzend vorm Strandkorb sitzt, Masten und Segel aus angeschwemmten Hölzern bastelt und Anker aus Hühnergöttern fabriziert. »Da wird meine eigene Jugendzeit lebendig, und ich sehe mich noch am Ostseestrande liegen, platt

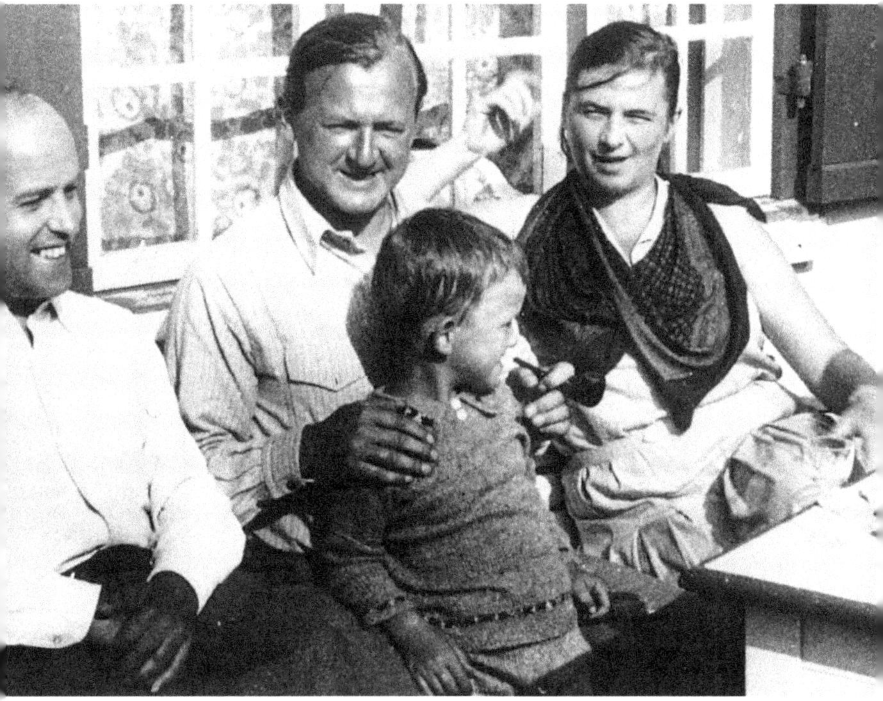

Wieland Herzfelde, George Grosz mit Eva und »Petropips« vorm Kunstkaten 1930

auf dem Bauche vor einem ganz schön duftenden Tannenholzfeuer. Ganz kleine Tannen rissen wir indianerromantisch aus den Dünenschonungen, bis uns der alte Dünenwächter verjagte und wir in seinem Beisein das Feuer austraten und mit Sand löschen mussten. All dies wird in mir wach.«

Durch und durch Naturmensch, nimmt George Grosz (aus Abscheu vorm preußischen Militarismus anglisierte er seinen Namen Georg Ehrenfried Groß) die Ostseereize in sich auf, inhaliert sie geradezu. Das »Gewäsch« der Badegäste ist ihm einerlei. Es kümmert ihn auch nicht der »intellektuelle Bienenschwarm«. Dass Gerhart Hauptmann im Juli in Ahrenshoop zugegen war, beeindruckt ihn genauso wenig wie die Anwesenheit zahlreicher »Kunstbeflissener« mit ihren Affären, zur Schau gestellten Eitelkeiten und Allüren. In ungezwungener Gelöstheit lässt er auf der Bank vorm inzwischen privaten Kunstkaten, in dem er mit seiner Familie untergebracht ist, den Tag ausklingen. Vorm Schlafengehen wirft er mit Eva stets noch einen Blick vom Strandübergang aufs Meer. »Im steten Bann der einfachen großen strengen Natur lehnt man allen Zivilisations=schnick=schnack ab«, plaudert der politische Provokateur in seinem launigen Brief am 12. August an Oz.

*

Nach den Notjahren der Inflation stiegen die Gästezahlen in Ahrenshoop wieder an und betragen jetzt, angekurbelt auch durch den eingeführten tariflichen Mindesturlaub, rund zweitausendeinhundert. Das »Worpswede der Ostsee«, als das es in manchen Vorkriegs-Reiseführern bezeichnet wird, bleibt gleichwohl eigenwillig und individuell. »Das Bad wird gern vom gebildeten Mittelstand besucht und von Malern wegen seiner Naturschönheiten bevorzugt.« So der Grieben-Reiseführer *Ostseebäder* in seiner 21. Auflage 1929 mit »Angaben für Automobilisten«. Im selben Jahr listet der *Führer durch die Badeorte des Verbandes Deutscher Ostseebäder e. V.* auf: »Im ganzen Ort ist elektrisches Licht. Familien- und Freibad vom Strande aus. Badearzt. Post.« Unter Hotels findet sich der Baltische Hof, unter Pensionen das Haus am Meer, die Villa Elisabeth und der Charlottenhof. Mittagstisch und Abendessen serviert das Restaurant Seezeichen, Kaffee und Kuchen das Namenlos (und alle diese Adressen leben seither fort). Direkte D-Zug-Verbindungen gibt es inzwischen von Hamburg nach Ribnitz, von Berlin über Rostock oder Stralsund. »Ab Ribnitz täglich dreimal Dampferverbindung nach Ahrenshoop.« Positiv hebt der Bäderverband den »ständig steigenden Verkehr« in der einstigen Künstlerkolonie hervor, darüber hinaus: »Der nach Westen gelegene Strand bietet kräftigen Wellenschlag, das Hohe Ufer prachtvollen Rundblick über die reizvolle Landschaft, und die farbenfrohen Malerhäuser haben dem Dorf den Namen ›Das bunte Ahrenshoop‹ eingebracht.«

Das Alltagstempo erhöht sich in der Weimarer Republik vor allem für Großstadtgewächse abermals. »Keine Zeit! Keine Zeit! Keine Zeit!« lautet der neue Slogan nach einem Song im Berliner Kabarett Schall und Rauch. Amerikanismus grassiert. Fließbänder fordern Akkord. 1928 erfindet der Berliner Ullstein Verlag das Reporterblatt *Tempo*, von frühmorgens bis nachts erscheint es in fünfmal verändertem Layout. Kehrseite des pulsierenden Bluthochdrucks ist der Wunsch, ins Grüne respektive Blaue zu fahren, man möchte sich »sozusagen entlüften, gleichsam chemisch reinigen«, drückt George Grosz das Bedürfnis zur »allgemeinen Aufpulverung« aus.

Die deutsche Fremdenverkehrsindustrie, ein rasant prosperierender Wirtschaftszweig auch im internationalen Wettbewerb, investiert mit Spots und Werbekampagnen in Schaufenstern und Innenhöfen der Konsumtempel Karstadt, Hertie und KaDeWe sowie in den aufstrebenden neuen Massenmedien Film und Funk. Filmkunsttheater mit Logen und versenkbaren Orchestergraben schießen wie Pilze aus dem Boden, im Radio sind Reiseberichte zu hören. Dabei nimmt die Ostsee eine herausragende Stellung ein.

Ahrenshoop wirbt weiter mit herkömmlichen Ansichtskarten, Annoncen und Faltplänen, was sich bewährt. »Gesundheit und Frohsinn« erwarte gewiss jeder Gast, wird in einer Broschüre 1932 erklärt. »Sie nehmen Ihre Zeitung zur Hand und studieren die Bäderanzeigen. Sie blättern Prospekte und finden, dass jedes Ostseebad immer schöner ist als das andere, am Ende wissen Sie

Haus Partikel

nichts. Die Wahl ist fürwahr nicht leicht. – (…) Vielleicht erwarten Sie Tanzbars, Luxus, elegantes Leben, Klamauk, dann kommen Sie nicht zu uns, wir würden Sie enttäuschen. Ahrenshoop ist einfach. Sie finden weder mondänes Leben noch billiges Radaupublikum, dagegen viele Wissenschaftler, höhere Beamte, Künstler und gut situierte Kaufleute. – In allen Ostseebädern ist der Strand steinfrei. Nun also – bei uns ist er's nicht. Zwar im Wasser selbst, wo Sie baden, ist der Sand seidenweich und fein, aber am Strande gibt's Kiesel, die wir notwendig brauchen, weil Wind und die aus der Nordsee kommende starke Strömung uns fortspülen würde, wenn nur leicht beweglicher Sand da wäre. – Auch sonst gibt es noch manch Verbesserungsfähiges, wir wissen das.«

*

Unter der Berliner Prominenz um George Grosz rangiert 1930 an erster Stelle Gerhard Marcks. Bis 1924 Bauhauslehrer in Weimar und anschließend Leiter der Keramiklasse an der Kunstschule Burg Giebichenstein, bedeutet Ahrenshoop für den Bildhauer und Grafiker, der schon vor seiner Hochzeit 1914 mit Maria Schmidtlein an den Timmendorfer Strand reist, einen Raum zum schöpferischen Besinnen. 1933, nach seiner Suspendierung aus dem Amt des kommissarischen Direktorats in Halle, wird es gar zur rettenden Zufluchtsstätte. Aber davon ist jetzt noch nicht einmal als mögliche Gefahr die Rede. Vieles über Land und Leute in Mecklenburg und Pommern erfuhr Marcks durch Lyonel Feininger, seinen achtzehn Jahre älteren Kollegen und Bauhaus-Freund. Am intensivsten aber wird ihm die Gegend von dem ostpreußischen Maler Alfred Partikel etwa auf gemeinsamen Wanderungen nahe gebracht. Die fast Gleichaltrigen laufen sich schon vor dem Ersten Weltkrieg in Berlin über den Weg, woraus eine innige private wie berufliche Verbindung entsteht. Als sich Partikel 1925 mit seiner Frau Dorothea, geborene Körte (eine Cousine von Maria Marcks), in der Dorfstraße 32 ein eigenes Haus baut, ist Marcks häufig zu Gast. Doch auch vorher hielt er sich mehrfach in Ahrenshoop auf. Der Sommer 1930 gestaltet sich für den schon immer Naturverbundenen als ein besonderer, denn erstmals wohnt er mit seiner Familie in der Niehäger B 14, jener

Gerhard und Maria Marcks
im Sommer 1939 in ihrem Niehäger Paradies

Büdnerei im damaligen Boddenweg, die der Einundvierzigjährige nach reiflicher Überlegung erwarb. In die Entscheidung für diesen Ort floss maßgeblich mit ein, dass sich der weit Gereiste, der auch auf dem Fischland rast- und ruhelos bleibt, nach eigenen Aussagen als »norddeutscher Ebenenmensch« fühlt und begreift. Seine Bilder, die im angebauten Atelier entstehen, vor allem jene zarten, wie hin gehauchten Graphitzeichnungen, meist im zurückhaltenden A-5-Format, veranschaulichen das: pausierende Boote neben Fischernetzen im Dünensand, eine Strandhütte, ein pflügender Bauer, ein einsamer Segler, Abendschatten.

2019 erhält Ahrenshoop ein großes Geschenk: Das denkmalgeschützte Marcks-Haus, traurig lange leer stehend, Wind und Wetter ausgesetzt, wird nach umfangreicher privater Sanierung unter Bewahrung der historischen Lehmbalkendecken, Wände und Innentüren mit ihren schmiedeeisernen Schlössern und Beschlägen sowie der meisterhaft restaurierten, kirschrot gestrichenen Eingangstür (älter als das betagte Anwesen) wieder zum Leben erweckt – als Ferienunterkunft, vor allem aber als Künstlerhaus, dem einzigen dieser Art in Ahrenshoop. In Kooperation mit der Burg Giebichenstein Kunsthochschule Halle, die ein Gerhard-Marcks-Stipendium zur postgradualen Förderung einrichtete, stellt das Marcks-Haus für einen dreimonatigen Aufenthalt eine Residenz bereit.

»Mich alten Knax sehen Sie immer noch bei der Arbeit, jetzt meist auf der Leiter an einer 3 m hohen Puppe ›Rufer‹ für Radio Bremen«, teilt Gerhard Marcks am 22. Januar 1967 seinem Bildhauerfreund Friedrich B. Henkel mit, seinerzeit Meisterschüler von Fritz Cremer an der Akademie der Künste, Berlin. Ein Abguss jener Bronze-Skulptur, von der es mehrere an weiteren Orten gibt, darunter im australischen Perth, steht auf einem Sockel im Garten des neuen alten Marcks-Hauses. Vielleicht schickt *Der Rufer* wie manch einer seiner Brüder Friedensbotschaften über den Bodden in die Welt. Oder, dass nicht vergessen werden möge, wie sehr Gerhard Marcks, nachdem er 1946 an der Landeskunstschule Hamburg Professor wird, immer vom Fischland träumte, von den »eiszeitlichen Weiten, rufenden Kranichen, fliegenden Schwänen, Adlern…«

*

George Grosz hätte sich in Ahrenshoop, Althagen oder Niehagen auch gern ein Haus gekauft. Konnte es sich aber nicht leisten. Zudem trieb ihn schon seit geraumer Zeit der Gedanke um, Deutschland zu verlassen. Am 16. September 1930, als die NSDAP bei der gerade erfolgten Reichstagswahl zweistellige Stimmengewinne einfährt, schreibt er an Mark Neven DuMont, den er oft um Zusendung von Dunhill-Tabak und Farben von Windsor & Newton aus England bat: »Tolle Welt, kann man da nur sagen. (…) Rätselhaftes Deutschland … (…) grüße den Londoner Nebel und den schönen Hydepark!« Kurz vor der Abreise nach Berlin schickt Grosz noch einen Brief an »Ede«, den Kunsthändler Eduard Plietzsch, in dessen Wohnung am Rande des Tiergartens einst auch Gerhard Marcks neben Ostseeurlauber Kurt Tucholsky und vielen anderen aus der geistigen Elite Berlins ein und ausging: »… Es wird langsam Herbst; recht melancholisch, so fast die Einzigsten noch am Strande zu sein. Keine Fahnen und keine Strandkörbe mehr. (…) Diesen Sommer waren eine Menge Künstler hier, sozusagen bildet sich hier eine Dependance zu Deinem geliebten Hiddensee heraus. (…) Geklatscht im nüchternen Sinne wird hier doll. Jeder weiß was über jeden. (…) Ich habe mich da ziemlich isoliert gehalten. Aber gerade das machte man mir zum Vorwurf; ich sei prominent und hochmütig und so, sagte man hinter meinem Rücken (der ist, Gott sei Dank, breit genug). Aber schließlich wollte ich meine verdiente Ruhe haben und nicht hier ödes, meist doch seichtes, intellektuelles Gesabber mit anhören. Wenn ich mich ›geistig‹ unterhalten will, kann ich's in Berlin besser und mit netteren Freunden als mit hiesigen Zufallsbekanntschaften.«

Dankbar nimmt George Grosz 1932 ein Angebot der New Yorker Art Students League zu einer Gastdozentur an, kehrt noch einmal für wenige Monate nach Deutschland zurück, um für immer ins Exil in die USA zu gehen. »Pass auf! Hier kommt Grosz!«, hatte er tatendurstig in seinem *Gesang an die Welt* vor der Gründung der Weimarer Republik proklamiert: »Sammelt euch, boys!!« Was dann kam, fasst George Grosz in seinem autobiografischen Rückblick *Ein kleines Ja und*

Brandungswellen salzen die Ostseeluft

ein großes Nein (1955) zusammen: »Wir waren wie Segelboote im Wind, mit weißen, mit schwarzen, mit roten Segeln. Manche Boote führten Wimpel, darauf sah man drei Blitze oder einen Hammer mit Sichel oder ein Hakenkreuz mit Stahlhelm – auf die Entfernung sahen alle einander ähnlich. Wir hatten wenig Gewalt über unsere Boote und mussten fleißig manövrieren, damit sie bei dem herrschenden Sturm nicht umkippten. So manches Boot sahen wir schon kieloben. Der Sturm tobte ununterbrochen, aber wir segelten drauflos; seine Melodie verstanden wir nicht, denn unser Gehör war vom vielen ›mal Hinhören‹ abgestumpft…«

BADEMODEN – OH, LÀ, LÀ!

Nur für leidlich wohl gebaute Exterieurs

»Wie jauchzt die Menschheit auf, wenn es wieder Frühling wird und wenn nach langer Trübe die Sonne wieder hell am Himmel scheint! Wie die Mücken und Käfer tummeln sich auch die Kinder am liebsten im Sonnenschein, und alles badet und genießt die Sonnenstrahlen!«, frohlockt Anna Fischer-Dückelmann in ihrem über Jahrzehnte neu aufgelegten Ratgeber *Das goldene Familienbuch* (1901) mit »485 Original-Illustrationen, 38 Tafeln und Kunstbeilagen in feinstem Farbendruck«. Baden ist nicht gleich Baden. Im Wilhelminischen Deutschland unterscheidet man fein säuberlich zwischen Luftbad, Sonnenbad, Kaltbad und Warmbad. Wie die Vorsilben bereits verraten, betrifft das Luftbad schlichtes Baden an der Luft – nackt oder in lockerer Kleidung, um einen möglichst hohen gesundheitlichen Nutzen zu erzielen. Vorrichtungen aus Latten oder Zäunen sollen und dürfen Dritten keine Einblicke gewähren (selbst wenn das Luftbad im heimischen Garten genommen wird). Männer und Frauen sind dabei streng getrennt, wohingegen man Jungs und Mädchen, sofern sie noch nicht zur Schule gehen, gemeinsam an die Luft schickt. »Sonnenbäder« seien in aller Munde, erzählt die Ärztin und Erfolgsautorin Fischer-Dückelmann, 1856 in Galizien geboren (über Graz, Frankfurt am Main und Zürich siedelte sie nach Dresden, wo sie bis 1914 eine Praxis für Frauen- und Kinderheilkunde betrieb), nur wenige wüssten aber über die richtige Anwendung eines Sonnenbades Bescheid: »Gewöhnlich lässt man sich je 10 Minuten in Bauch-, Rücken- und Seitenlage ansonnen, dann in eine dicke Decke wickeln, worauf der Schweiß dann meist lebhaft ausbricht. Da solche Bäder jedoch sehr eingreifend sind, sollen sie nur auf ärztliche Verordnung hin genommen werden. Sehr angenehm sind verschiebbare Holzwände, die man zwischen die Lagerstätten schiebt.« Für Ahrenshoop sind Luft- und Sonnenbäder am Strand im Unterschied zu

…zur Sonne, zur Freiheit!

anderen Ostseebädern nicht belegt. Wohl aber ein Herren- und Damenbad, ebenfalls mit Sichtschutz, zum Abkühlen in der Ostsee, dem Kaltbad. Warmbäder nimmt man in Kureinrichtungen ein, zwei entsprechende »Zellen« gibt das *Deutsche Bäderbuch* (1907) für Ahrenshoop an, bleibt die Auskunft aber schuldig, wo der Gast diese finden kann. Initiiert vom Ahrenshooper Verein für gemeinnützige Zwecke, im Künstlerischen Beirat sitzt Paul Müller-Kaempff, werden 1906 jene waggonähnlichen Umkleidegehäuse auf Stelzen in den Sandstrand gerammt. Auch wenn sich die Kolonisten für das Prädikat Seebad nur bedingt interessieren, votieren doch viele dafür, etwas Komfort zu schaffen, zum Beispiel Bänke an attraktiven Aussichtspunkten aufzustellen. »Der Verein will den Genuß der Schönheit von Ahrenshoop erleichtern durch Einrichtungen der Ordnung und Behaglichkeit«, verkündet Paragraph 1 der Vereins-Satzung. Dazu zählen auch das Damen- und Herrenbad. Wie überall an der Ostsee führt der kostenpflichtige Spaß in Familien jedoch zu der misslichen Situation, dass Kinder nicht mit ihren Eltern zusammen in der Ostsee plantschen können. Mädchen und kleine Jungs müssen mit Mutter ins Damenbad, größere Jungs mit Vater ins Herrenbad. Die Lösung lautet: Familienbad. Dafür macht sich der Verband deutscher Ostseebäder stark, und zwar nach dem Vorbild Helgoland, wo ein solches bereits 1900 entstand. Ahrenshoop plagen derweil andere Sorgen. Statt sich über Badevorschriften den Kopf zu zerbrechen, beunruhigt den Verschönerungsverein die ausufernde Bodenspekulation. Allein zwischen 1905 und 1908 verdreifachen sich die Preise für Dünenland, eine Steigerung auf das Fünf- bis Sechsfache steht unmittelbar bevor. In einem Statut zu verankern, dass nur einstöckige Häuser in begrenzter Größe erlaubt und Dächer aus Pappe, Blech, Ziegeln oder Schiefer unzulässig seien, bleibt durch den Ausbruch des Ersten Weltkrieges ergebnislos. Durchgesetzt wird hingegen das Verbot, Dünen zu besteigen und Stranddisteln auszureißen.

Und wie sieht es nun mit der Bademode aus? Dazu ein Kurztrip über den Ärmelkanal nach England, dem Mutterland des Sports, wo der Badekarren erfunden und die erste Badekleidung gesichtet wird, was beides auf den Kontinent rüberschwappt.

*

Als man der drängenden viktorianischen Damenwelt endlich auch Schwimmen (statt bloßem Gesichtbetröpfeln) im offenen Meer erlaubt, sind Ideen für ein geeignetes, aber zugeknöpftes Outfit gefragt. In diesem Sinne zeigt ein erster Designentwurf ein hemdähnliches schwarzes Flanellkostüm, das den weiblichen Körper vom Knöchel bis zum Kinn verhüllt. »The ladies dressed in flannel cases / Show nothing but their handsome faces.« So das Echo in den *Poetical Scetches of Scarborough* (1811), dem ältesten viktorianischen Seebad, in typisch englischem Humor. Schwimmen ist mit den Stoffmengen, die sich bleischwer mit Wasser voll saugen, kein Vergnügen, eher harte Knochenarbeit. Überdies geraten die Wagemutigen bei heran wogenden Wellen in die ausweglose Lage, dass sich das Kostüm bis zu ihrem Nacken hebt. God save the Queen. Männer haben es da leichter. Um sie wird kaum Wirbel gemacht. Knielange Badeanzüge mit kurzen Ärmeln, später mit Trägern, die im Laufe der Zeit immer schmaler werden, und fertig ist der Strandauftritt.

Unter dem Einfluss des französischen Geschmacks präsentiert sich von Biarritz bis an die Pommersche Riviera das »Costume de Bain« mit Pelzen, Mützen, Überwürfen, Sandaletten sowie Pantalons und Blousons aus geschmeidig fallendem kastanienbraunem Wollstoff. Die deutschen Modemacher warten mit Adaptionen auf, »Krone des Badekostüms« wird der Bademantel. Ein »Complet« setzt sich aus bodenlangem Rock, Schoßbluse und Pelerine zusammen. Illustrierte zeigen in Bild und Schrift, was sonst noch am Strand zu tragen ist: Pluderhosen, gerüschte Kopfbedeckungen und nicht zu vergessen, der Sonnenschirm. Augenzwinkernd widmet sich die *Rostocker Zeitung* im Juli 1892 »verschwenderischen« Damen, die ihre Badegarderobe mit Spitzen, Stickereien und Schleifen versehen und unmöglich mit nur einem Badeanzug auskommen. »Zumindest brauchen sie deren drei: einen von dunklem Flanell für kalte Tage, einen von hellerem für mittlere Temperatur und einen aus leichtem Stoff für die heiße Zeit des Hochsommers.«

Die Scheren des Fortschritts machen aus den voluminösen Damenbademoden, die den Herstellern einträgliche Gewinne bescheren, schnipp, schnapp knöchellange Hosen mit Tunika, umsäumt von roten und blauen Borten. Schon bald enden die Hosenbeine knapp unterm Knie, burschikos mit einer Kordel zusammengeschnürt. Neues Accessoire: der Gürtel. Neue Farben: Creme, Pink und Seegrün. Die Herrenbademode punktet derweil mit Streifen, rot-weiß geringelt wie ein Leuchtturm, was bei kapitalen Bäuchen nicht unbedingt vorteilhaft wirkt. Die Bademode tritt mal gewagter, mal braver auf. Glanzmagazine wie *Der Bazar* und die *Vogue* informieren über aktuelle Trends, heraustrennbare Schnittmusterbögen ermuntern zum Selbstanfertigen. Neue Stoffe sind Leinen, Satin und Taft. Ab 1900, als in Ahrenshoop über »Malhühner« gelästert wird, dominiert – oh, là, là! – das vergleichsweise eng anliegende Baumwolltrikot, aus preußisch korrekten Kreisen begleitet von mehr Contra als Pro. Nicht wegen des abermals knapperen Schnitts, der nun Oberschenkel, Arme, Schultern und Dekolleté entblößt. Das »Angeklatschte« brüskiert. Zeichnen sich doch im nassen Zustand die weiblichen Rundungen, die es zu kaschieren gilt, aufreizend ab. Noch 1914 empfiehlt die *Elegante Welt*, dass jene Novität, die unter der Mehrheit der Badenixen auf ungeteilten Zuspruch stößt, nur für jene in Betracht käme, »die über ein leidlich wohl gebautes Exterieur verfügen«. Alle anderen sollten in einen Anzug schlüpfen, »der wenigstens vor dem Bade die ›Unhöflichkeiten‹ der Natur einigermaßen verdeckt«. Im selben Jahr trauert das Brevier *Die elegante Dame* dem »koketten Badeanzug« nach, der es exzellent verstand, »die Dehors zu wahren«. Jetzt hingegen würde »selbst in den kleinsten Ostseebädern von allerprovinzialstem Zuschnitt« das Trikot, in dem »alle Frauen gleich« aussehen, das Niveau schmählich nach unten drücken. »Wehmutsvoll erinnert man sich, dass noch vor kurzen Jahren das gestraffte Seidentrikot das Wahrzeichen einer gewissen Gattung von Frauen war, denen man es weder verdenken konnte, dass sie mit ihrem schönen Wuchs renommierten, noch dass sie gleich lockenden Sirenen auf den Deichseln ihrer Badekarren balancierten…«

*

Titelblatt der Zeitschrift des Demokratischen Frauenbundes Deutschland (DFD) vom 14. August 1953

Titelblatt der Zeitschrift des Demokratischen Frauenbundes Deutschland (DFD) vom 25. Juni 1954

1922 eröffnet in Ahrenshoop die viel beschriebene Bunte Stube – bis heute die im Dorf meist besuchte Traditionsadresse zum Stöbern nach Büchern, Kunsthandwerk, irischen Strickereien, skandinavischen Webwaren, Silber- und Bernsteinschmuck, Mal- und Zeichenbedarf. Mit Nähgarn, Knöpfen und Schnürsenkeln begann das Geschäft. Strandartikel und Bademoden erweiterten das Sortiment. Um 1925 wird in Ahrenshoop das freie Baden erlaubt. Daneben bestehen die Badeeinrichtungen fort, einschließlich ihres famosen, küstenweit bindenden Imperativs: Schwimmkleidung nur aus »undurchsichtigem dunklem Stoff«! Ansonsten drehen die »Roaring Twenties« mit Foxtrott und Charleston auch in der Bademode noch einmal kräftig auf: Träger erotisch zum Abknöpfen, verführerische Rückenausschnitte und »ovale Fenster« um die Hüften herum, Strandpyjamas in Georgette und Crêpe de Chine, kanariengelb oder violett.

Der letzte Sommer der Weimarer Republik. Das traditionelle Kinderfest in Ahrenshoop mit Sprösslingen auch der Badegäste verbucht einen ansehnlichen Erfolg. Der Kalender zeigt den 28. September 1932 an. Der Himmel heiter bis wolkig, es herrschen ungewöhnlich warme Temperaturen. Über sechs Millionen Menschen in Deutschland mittlerweile ohne Lohn und Brot. Eine brandgefährliche wirtschaftliche Bilanz. Schon 1927 hatte Ostseegast Erich Kästner gewarnt: »Kennst Du das Land, wo die Kanonen blühn? / Du kennst es nicht? Du wirst es kennenlernen.«

Just in dieser Situation wird ein kleines Stück Stoff zum großen innenpolitischen Diskussionsgegenstand: der Zwickel, konkret jener, der in Badehosen und Badeanzügen bombensicher verdecken soll, was Sitte und Anstand verletzt. Und das ist nach Auffassung des preußischen Ministers des Innern, einem gewissen Clemens Emil Franz Bracht, der männliche und weibliche Schritt. Dem »öffentlichen Nacktbaden« wie auch »Baden in anstößiger Badekleidung« hatte der promovierte Jurist bereits 1931 per Dekret einen Strich durch die Rechnung machen wollen. Wegen des Adjektivs »anstößig«, das sich unter Freund und Feind als äußerst dehnbar erwies, ging das Vorhaben allerdings gründlich schief. Der Minister und einstige Dozent für Verwaltungsrecht an der Landwirtschaftlichen Hochschule Berlin legt trotz Häme und Spott mit einer erweiterten Polizeiverordnung nach. Neben dem Nacktbadeverbot in Paragraph 1, Absatz 1, enthält diese in Absatz 2: »Frauen dürfen öffentlich nur baden, falls sie einen Badeanzug tragen, der Brust und Leib an der Vorderseite des Oberkörpers vollständig bedeckt, unter den Armen fest anliegt sowie mit angeschnittenen Beinen und einem Zwickel versehen ist. Der Rückenausschnitt des Badeanzugs darf nicht über das untere Ende der Schulterblätter hinausgehen.« Absatz 3 erlaubt Männern das öffentliche Baden nur, »falls sie wenigstens eine Badehose tragen, die mit angeschnittenen Beinen und einem Zwickel versehen ist. In sogenannten Familienbädern haben Männer einen Badeanzug zu tragen.« Generös deklariert Absatz 4, dass diese Vorschriften nicht für das Baden in Badeanstalten gelten, »in denen Männer und Frauen getrennt baden«. Absatz 5: »Die Vorschriften des Abs. 2 gelten entsprechend für den Strandanzug der Frauen.« Am 28. September 1932 wird der Zwickel-Erlass kundgetan. Am 1. November tritt er in Kraft. Die liberale Presse steht Kopf. Humoristen schlachten den Unfug genüsslich aus. Der sozialdemokratische *Vorwärts* bringt ein Gedicht:

Gerettet ist die Sittlichkeit,
hoch lebe die Moral!
Bracht schließt dem deutschen Badekleid
das letzte Nacktoval.
Keusch angeschnitten wird das Bein,
kein Ausschnitt bleibt,
der noch so klein.
(…)
Wir preisen der Regierung Macht,
wie prachtvoll hat das
Bracht vollbracht! …

Über Zwickel-Kontrolleure am Strand sind vor allem Gerüchte bekannt. Etwa, dass Strandpolizisten Badegäste in verschiedenen Seebädern an der Ostsee zum Handstand aufforderten, um zu inspizieren, ob der obligatorische Zwickel vorhanden ist. Mit

Natürlich. FKK

Persiflagen befeuern FKK-Anhänger die Diskussion, etwa in *Lachendes Leben*, jener skurrilen »Zeitschrift für gesunde Weltanschauung« voller Nacktaufnahmen, ob im Walde, auf den Bergen oder an der See. In der Dezember-Ausgabe 1932 posaunt ein Leser: »Ich wandere aus. Ich habe mir schon Karten von Ozeanien besorgt. Da soll es noch so kleine Inseln geben, gar nicht oder fast gar nicht bewohnt, wo man sich bewegen kann wie man will und wie Mutter Natur einen geschaffen hat. (...) Hier bleibe ich nicht. Nein! Keinesfalls!«

*

In der Hitze des heraufziehenden Kalten Krieges, Anfang Juli 1946, versetzen zwei kombinierte freche Stofffetzen der Weltöffentlichkeit einen Schock: der Strandbikini, kreiert vom französischen Modemacher Louis Réard, ursprünglich Kfz-Mechaniker und Maschinenbauer. Allen Unkenrufen zum Trotz erobert das »schändliche Ding« Strandburg für Strandburg die deutschen Küsten, in friedlicher Koexistenz mit FKK auch an der Ostsee zwischen der Wismarer Bucht und Usedom. Victor Klemperer, 1948 in Göhren auf Rügen, mochte »die eingequetschte Nacktheit« zwischen »praller Hose« und »Busenhalter« nicht. »Man könnte darüber homosexuell werden«, hält der Literaturwissenschaftler am 3. August auf der Veranda des FDGB-Heims Wilhelm Pieck in seinem Tagebuch fest.

Wer weiß, was er beim Anblick von Bond-Girl Ursula Andress, einer Schweizerin, gesagt hätte, die da 1962 in strahlend weißem Bikini aus karibischen Wassern steigt und von James Bond – 007, Sean Connery, auf der Jagd nach Dr. No das Kompliment erhält: »Ein hübsches Nichts, das Sie da beinahe anhaben!«

Adlerfarn im Darßer Wald

Windflüchter und Waldwildnis

Ostseefotografen standen sie einst für ihre schwarz-weißen Lichtbilder Modell – im Frühling, Sommer, Herbst und Winter. Auch Malerinnen und Malern (nicht nur der Ahrenshooper Künstlerkolonie) für Ölgemälde, Aquarelle, Holzschnitte, Radierungen. Viele jener hoch und schlank gewachsenen, im Laufe ihres Daseins jedoch gebeugten und gebogenen Kreaturen, hauptsächlich Kiefern, stammten aus der Epoche der Romantik, vor allem am Darßer Weststrand, gepeitscht und getrieben von Sturm und Wind: »Windflüchter«. Noch bis vor ungefähr siebzig Jahren gab es tapfere Einzelhelden, aber auch Gruppen zu viert oder fünft auf der Höhe der Rehberge und am Esper Ort. Das Meer drang brandend und brodelnd immer weiter vor, fraß sich tollwütig über den Sand und fräste die Dünenkanten aus, bis die Baumstämme umstürzten und ihre verrenkten Wurzeln wie mahnende Skulpturen gen Himmel ragten. Inzwischen wuchsen neue Bäume heran, die sich zu Windflüchtern mit ihrer zum Land hin waagerecht gebürsteten Baumkronenfrisur formten. Indes an anderer Stelle, einen Wiederaufbau am selben Ort sieht die Natur nicht vor. Und der Mensch hat hier, im einzigen deutschen Nationalpark, in dem Meer und Wald, Wald und Meer fließend ineinander übergehen, eingreifend nichts verloren.

Wildnis kann man in den deutschen Landen mit der Lupe suchen. Im Darßer Wald wächst sie nach langer wechselhafter Nutzungsgeschichte (mit Baumartenwahl, Kahlschlagwirtschaft und nicht zuletzt militärischem Missbrauch) wieder heran, tobt sich nach der Nationalparkphilosophie, »Natur Natur sein lassen«, geradezu aus. Juwelen sind die Erlenbrüche in den ehemaligen Dünensenken – mystische Welten aus strotzendem Grün. Neben Wasserlilien, dem Bittersüßen Nachtschatten und unzähligen weiteren Seltenheiten ragt die Wasserfeder mit ihren rosaweißen Blüten aus dem sumpfigen Nass heraus.

Und dann die Musik. Tausend Klänge, Akkorde, einzelne Töne. Nie dissonant. Obwohl keineswegs planmäßig aufeinander abgestimmt. Etwa beim »Schaulaufen der Hirsche«, wie in *Magische Wildnis an der Ostsee* (2015), herausgegeben vom Nationalpark Vorpommersche Boddenlandschaft, drehbuchartig dargestellt: »Aufregung im Rotwildbezirk. Eigentlich gibt hier ein Geweihträger den Ton an. Aber ausgerechnet während der herbstlichen Brunft kreuzen in seinem Revier laut trompetende Kraniche auf. Wenn der stolze Solist mit seinem weiblichen Gefolge über eine Sandbank zur nächsten Insel schreitet, begleiten Fanfaren aus tausend Kehlen sein Röhren.« Andere Einlagen bieten Moorfrösche und Eulen, Rascheln im Laub, das Raunen der Buchen, Rauschen der Wellen. Großartig eine Wanderung während der Dämmerung zum »Alten Meeresufer« mitten im Wald, jenem acht Meter hohen Kliff, inzwischen von majestätischen Baumriesen bewohnt und bewacht. Mit vorrückender Stunde ebben die Besucherströme ab. Und man begreift den Ausspruch: »Dieses Waldmeer ist ein Meerwald.«

FREUNDSCHAFTEN IN DUNKLER ZEIT

Um Peter E.

Der gelernte Schriftsetzer und Buchdrucker ist in Ahrenshoop eine Institution. In seinem Anwesen unter Rieseneichen am Schifferberg 10 wird Gastlichkeit zelebriert. 1907 kauft Peter E. Erichson die Hinstorff Druckerei in Rostock, 1925 die Verlagsniederlassung in Ludwigslust, wo gerade die *Mecklenburgischen Monatshefte* als Neuheit herausgekommen sind. Mit unternehmerischem Geschick führt Erichson die Hefte »zur Pflege heimatlicher Art und Kunst« fort. Für Künstlerinnen und Künstler aus Ahrenshoop ein Forum, in dem sie eigene Beiträge und Bilder veröffentlichen können. Ebenso für das »malende Stadtvolk«, wie Erichson es bezeichnete, Talente aus Rostock, wo er zunächst noch in der Bahnhofstraße wohnt, Postadresse: Peter E. Erichson, Mecklenburg. Zum frühen Freundeskreis gehört hier Curt Goetz. 1907 gibt der deutsch-schweizerische Schauspieler und Drehbuchautor am Rostocker Stadttheater sein Bühnendebüt, seine Stücke *Hokuspokus* (1926) und *Der Lügner und die Nonne* (1928) verlegt Peter E. – so der Spitzname und zugleich das Signet des jovialen Buchmachers und Mäzens. Mit einem anderen Kürzel, nämlich »Jo« für seinen Vornamen Joachim, geht der Rostocker Bildhauer Jo Jastram in die Mecklenburger Kunst- und Kulturgeschichte ein. 1962 fertigt der einstige Klassenkamerad von Walter Kempowski eine bronzene Porträtbüste von Peter E., der Verleger, ursprünglich aus Schwedt an der Oder, ist fast ein halbes Jahrhundert älter als er. Aus den intensiven Begegnungen am Schifferberg zeichnet Jo Jastram ein Prosaporträt von Peter E. in *Kunststück Ahrenshoop* (2004) zur gleichnamigen Ausstellung damals im Neuen Kunsthaus: »Peter E. war mit einem Bariton ausgestattet, der Wohnraum und Grundstück auszufüllen schien, wenn er sprach. Und er sprach eigentlich immer. Man musste sich überhaupt nicht überlegen, was man sagen wollte, weil man gar nicht dazu kam, den Mund aufzumachen.

Line Ristow, Käthe Miethe und Peter E.

(…) Er kannte das Fischland in- und auswendig, und schien etwas majestätisch die Geschicke der Künste in Ahrenshoop zu lenken, was ihm den Titel ›Ungekrönter König des Fischlandes‹ eingebracht hatte.« Peter E. machte auf Jo Jastram einen starken Eindruck, dass er mitunter Zweifel hegte, ob ihm gelingen würde, ihn zu modellieren – ein Gefühl, das den Bildhauer auch bei anderen charismatischen Persönlichkeiten beschlich. Klug überlistet er seine Verunsicherung. »Ich lasse sie erzählen, gucke zu, beobachte, lese, was sie geschrieben haben, so dass ich weiß, welchen Klang sie in sich haben.«

Zum engeren Freundeskreis um Peter E. und seine Lebensgefährtin Line Ristow in Ahrenshoop zählen neben Gerhard Marcks und Alfred Partikel, die insbesondere bei Weinverkostungen nicht fehlen dürfen, das Künstlerehepaar Erich Theodor Holtz und Hedwig Holtz-Sommer aus Wustrow sowie aus Althagen Fritz Koch-Gotha und Dora Koch-Stetter. Der Illustrator im Berliner Ullstein-Verlag und die Malerin haben am Bodden ein eigenes Haus, nachdem sie jahrelang treue Sommergäste waren. 1924 lädt der Hinstorff-Verleger die neu nach Rostock gezogene junge Bildhauerin Hertha von Guttenberg nach Ahrenshoop ein. An der Seite ihres österreichischen Mannes, Hermann von Guttenberg, der kurz zuvor eine Professur für Botanik an der Rostocker Universität annahm, ist es für die Berlinerin nicht einfach, sich an die Provinz zu gewöhnen. Umso aufgehobener fühlt sie sich in der unkonventionellen Atmosphäre bei Peter E., die Gespräche über Musik, Theater und Literatur bereichern sie. Bald wird auch Hertha von Guttenberg Peter E. modellieren. Und etliche andere, die sie in der illustren Gesellschaft auf dem Schifferberg und bei Ausflügen in den Darßer Wald, zum Hohen Ufer und an den Bodden kennenlernt.

*

Flankiert von »1000 Aufmärschen« für den tausendjährigen Größenwahn, findet 1933 in Deutschland eine flächendeckende Umbenennungsaktion von Straßen und Plätzen statt. Und so wird aus der Dorfstraße in Ahrenshoop die Adolf-Hitler-Straße, der Schifferberg zur Hermann-Göring-Straße. Peter E. Erichson verliert seine *Mecklenburgischen Monatshefte*, einverleibt vom *Niederdeutschen Beobachter*, dem wöchentlichen »Kampfblatt der N.S.D.A.P. – Mecklenburg«. Überall Schilder: »Juden unerwünscht!« Hakenkreuzflaggen wehen auf Seebrücken, Promenaden und Sandburgen vom holsteinischen Heiligenhafen bis ins pommersche Ostseebad Henkenhagen, das mit dem Slogan »Stein- und judenfreier Strand!« wirbt. 1936 expandiert die NS-Gemeinschaft Kraft durch Freude (KdF) mit ihren Gruppenreisen zum weltgrößten Touristikunternehmen. Alle sollen braun werden. Und sie werden es. Von diesen Auswüchsen bleibt Ahrenshoop verschont. Viele Einheimische verweigern den Hitler-Gruß. Als KdF-Bäder auf dem Fischland und Darß profilieren sich Wustrow und Prerow. In der Tradition der Künstlerkolonie birgt Ahrenshoop Nischen für Freigeister und Andersdenkende. Und für Verfolgte, die im Dorf Unterschlupf finden. Über Namen wird Stillschweigen bewahrt. Denn trotz eines NSDAP-Ortsgruppenführers, der Gefährdete warnt und hilft, wo er kann, demonstrieren die neuen Machthaber ihre aggressive Potenz: »Immerfort Flieger. Schwere Bomber und Jagdflugzeuge. Zielübungen, Schrapnellwölkchen. Schießen nach einem rot aufgeblähten Sack, den ein Flugzeug nachschleppt. Dazwischen das friedliche Knattern des Trumpf-Schokolade-Fliegers, der ab und zu Schokolade an den Strand wirft. Die Flugzeuge fahren sehr nieder und rasend schnell über die Dünen hin. Eine breite Sandbank, an der sich Wellen brechen.« Tagebuchnotizen von Marie-Luise Kaschnitz, verfasst am 18. Juli 1937 in Ahrenshoop. Die Schriftstellerin ist mit Tochter Iris Constanza bei Alfred Partikel, seiner Frau und den Kindern in der Dorfstraße 32 zu Besuch. Sie kennen sich aus Königsberg, wo sie in der Hardenbergstraße fast Nachbarn sind. Partikel hatte 1929 eine Professur für Landschaftsmalerei an der Kunstakademie übernommen. Guido Kaschnitz von Weinberg, Marie-Luises Ehemann, war 1932 einem Ruf auf den Lehrstuhl für Klassische Archäologie an der Albertus-Universität gefolgt. Ein unerwartetes kalendarisches Aufeinandertreffen, dass am 19. Juli 1937 in den Münchner Hofgartenarkaden die Propagandaausstellung »Entartete Kunst« eröffnet und bis zum Jahresende drei Millionen Neugierige durchschleusen wird. Bestürzend: einige Werke Alfred Partikels dort. Ebenso Arbeiten von Gerhard Marcks. Die Freunde machen sich im September nach Bayern auf, um die im NS-Jargon »Ausgeburten des Wahnsinns, der Frechheit, des Nichtkönnertums« gefasst anzuschauen. Stenogrammartig schreibt die »liebe Leu«, Partikels Kosename für Marie-Luise, am 22. Juli in ihr Tagebuch: »A zum Mitglied der Akademie ernannt«, soll heißen, Alfred Partikel für die Preußische Akademie der Künste ausgewählt, was sich mit der öffentlichen Ächtung jedoch erledigt hat. In einem anderen Eintrag wird »Frau Rogge« erwähnt: Lola Rogge, die gefeierte Tanzpädagogin und Choreografin aus Hamburg, die ihre Ausbildung in der legendären Schule »Hamburger Bewegungschöre Rudolf von Laban« erhielt. Die Neunundzwanzigjährige macht Ferien in Ahrenshoop und klagt bei einem abendlichen Treffen über Einmischungen in ihre dramaturgische Tätigkeit. »Ausdruckskunst, Mimik, Gestaltung seelischer Vorgänge wird nicht mehr gewünscht. (…) Man will schöne Körper und gefälliges Flatterata.« Über Marie-Luise Kaschnitz schließt Lola Rogge Bekanntschaft mit Partikel. In seinem Ahrenshooper Atelier entdeckt sie eine zartfarbige, mecklenburgisch anmutende Landschaft, kauft das mit 1937 datierte Gemälde und schmückt damit ihr ansonsten spartanisch gehaltenes Hamburger Arbeitszimmer. Heute hängt es im Haus ihres Sohnes, dem Bildhauer Jan Meyer-Rogge und Zwillingsbruder von Klaus. Beide waren als Steppkes mehrfach mit an der Ostsee in Ahrenshoop. Ihr Interesse konzentrierte sich auf die Buhnen. Unablässig versuchten sie, die glitschigen Holzpfähle zu erklimmen – trotz Verbot und Drohung: »Gleich kommt der Bürgermeister!« In der Familie bald ein geflügeltes Wort.

Im Sommer 1938 reist Marie-Luise Kaschnitz abermals nach Ahrenshoop. Beim Abschied winken alle wie immer, nicht wissend, dass es kein Wiedersehen geben wird. In *Orte. Aufzeichnungen* (1974) beschreibt die Hörspielautorin, die Kaschnitz inzwischen ist, ihre Route von Königsberg auf den Darß »quer durch die ostdeutsche Ebene« und den Polnischen Korridor an der pommerschen Küste entlang. »Immer schönes Wetter, Erntewetter, die Garben stehen auf den Stoppelfeldern, den großen Landwel-

Lola Rogge mit ihrem Sohn Jan 1937 in Ahrenshoop

len, und werden umständlich aufgegabelt, auf die Wagen gehoben, Mähdrescher gibt es noch nicht. Hinter den Landwellen tauchen Städte auf, die Kirchen, Backsteingotik, ein Birkenwäldchen, klappernde Windmühlenflügel, gelbes Korn. Am Haus mit dem Strohdach, mit dem kurischen Wimpel, wird die Fahrt unterbrochen, tagelang, einmal sogar wochenlang, da läuft man frühmorgens mit Geschrei in die kalte Ostsee, darf mit dem Maler Alfred Partikel, seiner Frau und den weißblonden Kindern seeabgewandt, windabgewandt frühstücken, spielt Boccia auf der Düne, begibt sich zu Wanderungen in den kleinen, in den großen Darß. Im kleinen Darß, der auch schon eine Art von Urwald ist, sollte zehn Jahre später der Maler rätselhaft und spurlos verschwinden…«

*

Unter den Trümmerhalden im zerbombten Rostock 1942 liegen auch die Ruinen von Peter E. Erichsons Verlag und Druckerei. Mit Elan beginnt er nach Kriegsende von vorn. Eine der ersten Publikationen ist 1948 *Das Fischland. Ein Heimatbuch* von Käthe Miethe, die Zeichnungen steuert Fritz Koch-Gotha bei. Schon lange zählt auch die Bibliothekarin, Übersetzerin und Jugendbuchautorin zum Freundeskreis am Schifferberg. Bereits 1901 erwarb ihr Vater, der Photochemiker Adolf Miethe, in Althagen eine verfallene Büdnerei und ließ sie für die Familie umbauen. Unverändert leuchten die weiß getünchten Lettern seines Namens an der Ziegelfront. Schade, dass man die ehrwürdige Kastanie davor abgeholzt hat. Im Garten legte der im Dorf hoch angesehene Wissenschaftler aus Charlottenburg eigenhändig Beete mit Gurken, Blattsalat und Radieschen an. Auf seiner Jolle, manchmal auch auf einem Kajütenkreuzer mit Flossenkiel segelte er mit Ehefrau Marie sowie den Töchtern Ingeborg Friederike Christina und Katharina Ella Ottilie (Käthe) auf dem Bodden und der Ostsee. Festes Ritual: »Sobald wir im Sommer wieder von der Stadt auf das Fischland kamen, liefen wir mit klopfendem Herzen auf das Hohe Ufer, um nachzusehen, ob der breite rosa Findlingsblock, auf dem wir im letzten Jahr wie Robben in der Sonne gelegen hatten, noch aus der Brandung herausragte, und ob die goldgelbe Lehmnase, in deren Schatten unsere kleine Badebude gestanden hatte, in-

Käthe Miethe

zwischen abgebrochen und nachgerutscht war.« Kindheitserlebnisse von Käthe Miethe in ihrem Fischlandbuch. Sie bewunderte die Funde aus der Steinzeit, aufgelesen auf Äckern, die die Alten in Kisten und Kästen verwahren. Sie liebte die Schifferhäuser mit ihrem Mahagonimobiliar. Sprach mit Fischern und Kapitänen. Kannte jeden Brauch und den Aberglauben, dass »ein böser Blick die Kuh ihrer Milch, die Obstbäume im Garten ihrer Tracht beraubt«. Sie schmunzelte über die Fischländer Namen Bradhering und Fretwurst. Mochte Gewitter und Sturm. »Nie wieder im Leben erfüllte mich der Schauer so tief wie damals in unseren ersten Fischlandsommern, wenn der Vater des Nachts plötzlich im gelben Ölrock, eine Kerze in der Hand, vor unseren Betten stand und uns weckte. Dann rollte der Donner schon über dem Haus, und die Blitze schleuderten blaue Strahlen durch die niedrigen Fenster in Stube und Küche und Flur hinaus (...). Die Gewittertasche, die die wichtigsten Papiere barg und immer gepackt war, denn wir wohnten unter dem Rohrdach und waren uns der großen Brandgefahr stets bewusst, war neben die Haustür gestellt. Auf dem Tisch lag das Barometer, auf dessen Steigen als Zeichen, dass das Gewitter zum Abzug kam, ungeduldig gewartet wurde. Manchmal ging der Vater hinaus, um nach dem Wetter zu sehen. (...) Auch wir liefen schnell einmal in den Garten, um die Zinnien in ihrer wunderbaren Pracht unter den Blitzen aufleuchten zu sehen.« Unvergleichlich im Alltag blieben für sie und ihre Schwester die Jahre der Künstlerkolonie: »Wir spürten das Verlockende, Freie, Ungewöhnliche dieses Treibens in dem kleinen Dorf. (...) Die Menschen, die uns in Ahrenshoop umgaben, schienen uns ganz anders, als alle Städter, mit denen wir sonst in Berührung kamen. (...) Alles war so ganz anders als die Welt, die wir bisher kennen gelernt hatten. Die Zeit in Ahrenshoop kam uns wie ein Märchen und wie ein einziges Fest vor, erfüllt vom Glanz des Ungewohnten.«

Über die dunkle Zeit ist von Käthe Miethe nichts zu erfahren – außer dem Bedauern, dass »als eines der letzten Opfer des Krieges« eine wertvolle Sammlung von Schiffsmodellen verloren gegangen war, jedes »ein Wunder an Präzision«, geschaffen von einem Wustrower Steuermann.

DER SCHIFFERFRIEDHOF

Nach der großen Flut

Die Meteorologie ist eine noch junge Wissenschaft, als die Ostsee 1872 von der bis heute schwersten Hochwasserkatastrophe heimgesucht wird. Ausgehend vom Nordatlantik westlich der Britischen Inseln toben Ende Oktober jenes Jahres Winde aus West und Südwest. Unter anhaltend tiefem Druck entwickeln sich diese in den ersten Novembertagen zu gewaltigem Sturm, der über Skagerrak und Kattegat Wasser in die Ostsee presst und bis zu den baltischen und finnischen Küsten schiebt. Wie bereits damals in ersten Ansätzen analysiert und durch historische Daten der Nationalen Meteorologischen Dienste inzwischen vervollständigt und ergänzt, führte die Strömung zu extrem ungleichen Pegeln: hohen im östlichen Teil der Ostsee, niedrigen im westlichen, was den Zufluss von Nordseewasser durch den Kleinen und Großen Belt begünstigte. Nach trügerischer Windstille bläst plötzlich am 11. November scharfer Nordost. Die aufgestauten Wassermassen treiben zurück, der Sturm nimmt an Geschwindigkeit zu, um in der Nacht vom 12. auf den 13. November mit Orkanwucht und aufgewühltem Seegang die deutschen und süddänischen Küsten zu überspülen. Heute weiß man, dass sechs, sieben Meter hohe, sich überstürzende Wellen mit einem Gewicht von fünfundzwanzig Tonnen pro Quadratmeter aufprallen, fortreißen und zerbersten, was ihnen in die Quere kommt. So auch 1872. Tageszeitungen berichteten landauf, landab von dem verheerenden Zerstörungswerk auf Usedom, Hiddensee und Rügen und aus den Häfen von Greifswald bis Flensburg, wo Kaianlagen auseinandergebrochen, Schiffe gekentert und zerschmettert worden waren. Enorme Schäden hinterließen die Naturgewalten auch auf den Inseln Fehmarn, Moen und Poel sowie in allen Fischerdörfern. Zum Gedenken an die Ereignisse, die damals zugleich den Beginn meteorologischer Forschungen zum Thema Sturmflut markieren, bringt das Schifffahrtsmuseum Bremerhaven 1972 *Die*

Ostsee-Sturmflut 1872 heraus. Fast alle Fischer standen vor ihrem Ruin, heißt es darin: »Keine Boote, kein Netz, kein Haus – was sollte man tun?« Besonders betraf dies die Fischlanddörfer. In »2. verbesserter und erheblich vermehrter Auflage« veröffentlichte noch im Jahr des Geschehens die Hinstorff'sche Buchdruckerei *Die Sturmfluth an der deutschen Ostseeküste*: »Viele Wohnungen in Althagen und Ahrenshoop waren gänzlich zerstört; die ganze Feldmark, soweit die Überschwemmung reichte, übersäet mit Mobilien, Betten, Heu, Stroh und todtem Vieh. Klagende Menschen liefen bei den Trümmern umher und suchten das Ihre. Zwischen Althagen und Ahrenshoop lief ein rasender Strom, so daß die Communication selbst zu Boot mit größter Schwierigkeit verknüpft war.« Mit eigenen Augen sah Christian Johann Friedrich Peters, Lehrer an der Großherzoglichen Mecklenburgischen Navigationsschule Wustrow, wie das Boddenwasser mit der Ostsee zusammenfloss. Verhängnisvoll vor allem in Althagen, wie er in seiner historischen Betrachtung *Das Land Swante-Wustrow oder das Fischland* (1884) bezeugt: »Die dortige Niederung, Fulgen genannt, war so unter Wasser gesetzt, daß die Häuser nur mit ihren Dächern aus der Fluth hervorragten. Die Schornsteine waren eingestürzt, die Wände ausgewaschen (...). Fast vollständig geschlagen standen die betroffenen Althäger Bewohner am Ufer der überschwemmten Niederung und suchten ängstlich nach den vom Meer ihnen geraubten Sachen.«

Eines der wenigen Häuser, das mit reparablen Blessuren glimpflich davon gekommen war: die Doppelbüdnerei im heutigen Töpferweg 1, unter deren Rohrdach später Gertrud Kleinhempel wohnen wird, eine der Designpionierinnen der Deutschen Werkstätten Hellerau.

*

Drei Tage nach der Schreckensnacht, am 16. November 1872, einem Samstag, findet das erste Begräbnis auf dem Schifferfriedhof Ahrenshoop statt. Ein Mädchen, schon länger schwer krank, war in der Eiseskälte, die die Flut mit sich brachte, umgekommen. Erst im Herbst hatte man den Friedhof auf der Düne vorm Schifferberg angelegt. Bis dahin nutzten die Ahrenshooper den

Gertrud Kleinhempels ehemalige Doppelbüdnerei

Ungezählte alte Birken in Ahrenshoop – umrankt und umschlungen

Kirchhof zu Wustrow. 1869 wurde die marode Feldsteinkirche zugunsten eines neugotischen Baus abgerissen und ein neuer Friedhof am Ortsrand geplant. Das kostete einen Batzen Geld. Verständlich, dass die Mecklenburger ihre pommerschen Nachbarn um finanzielle Beteiligung baten. Diese lehnten jedoch ab, beantragten stattdessen in Stettin Grund und Boden für einen eigenen Friedhof, benannt nach dem Schifferberg. 1893 malt Paul Müller-Kaempff den *Schifferfriedhof in den Dünen* – ein monumentales Ölgemälde, das als Dauerleihgabe der Kunsthalle Kiel im Kunstmuseum Ahrenshoop ausgestellt ist. Um jene Zeit stehen erst wenige Kreuze auf dem einsamen Hügel, die Sandwege »überwuchert von goldblühendem Habichtskraute«, so der Maler in seinen Ahrenshoop-Erinnerungen.

Durch die Künstlerkolonie kommen im Laufe der Jahre Gräber und Gedenksteine hinzu, von Anna Gerresheim und ihrer Schwester Bertha, Friedrich Wachenhusen, Elisabeth von Eicken. Auch Else und Paul Müller-Kaempff fanden auf dem Schifferfriedhof ihre letzte Ruhe. 2017 wurden ihre Urnen vom Waldfriedhof Stahnsdorf (am Stadtrand Berlins) nach Ahrenshoop überführt.

*

Nach der Eingemeindung 1950 von Althagen und Niehagen zu Ahrenshoop bleiben viele in diesen Dörfern Verwurzelte ihrem Friedhof in Wustrow treu. Auch Zugezogene wie Fritz Koch-Gotha und Dora Koch-Stetter, die dort begraben werden wollen. Im Bombenhagel 1944 auf Berlin wird ihre Wohnung komplett zerstört. Für immer ziehen sie sich in ihre Bleibe hinterm Boddendeich zurück. Eine Viertelstunde Fußweg von ihnen entfernt, wohnt Gertrud Kleinhempel in der Nähe des Althäger Hafens. Die Zeichnerin, Gestalterin, aktiv im Deutschen Werkbund und ab 1907 Leiterin der Textilklasse an der Kunstgewerbeschule Bielefeld, schafft sich die Doppelbüdnerei 1938 als Pensionärin an und richtet sie mit selbst bemalten Schränken ein. Nach ihrem Tod zehn Jahre später wird die gebürtige Leipzigerin auf dem Fischländer Friedhof beigesetzt – heute vergessen nicht nur in Ahrenshoop: Gertrud Kleinhempel, nach Lise Meitner und Käthe Kollwitz 1921 eine der ersten Professorinnen in Deutschland.

Schifferkirche

*

Architektonisch gestaltet wie ein Boot »kieloben«, erhält Ahrenshoop nach zähem politischen Hin und Her eine eigene Kirche, neben der Seemannskirche Prerow und der Fischerkirche Born die dritte auf dem Darß. Am Fuße des Schifferfriedhofs wird die Schifferkirche im Herbst 1951 eingeweiht. Der fensterlose Innenraum ist im Westen durch eine Lichtwand aus Kathedralglas, im Osten durch verblendete Lichtnischen aufgehellt. Gottesdienste, Orgelabende und Konzerte laden ganzjährig ein. Und wohl nirgendwo kann man sich besser als in ihrem Schutz an die Geschichte der großen Flut zurückbesinnen. Welch ein Segen, dass sich eine Katastrophe derartigen Ausmaßes an der Ostsee bislang nicht wiederholte. Umso betrüblicher, dass Denkmale aus jener Zeit, auch wenn sie offiziell nicht als solche anerkannt und deklariert sind, anderen Stürmen der Gegenwart zum Opfer fallen. Der Doppelbüdnerei in Althagen, Töpferweg 1, hätte man ein Fortleben, frisch herausgeputzt, gewünscht. Kunstvolle Nutzungsideen für Ausstellungen lagen auf dem Tisch: zu Möbeln, Dekorationsstoffen, Teppichen, Tapeten, entworfen von Designerinnen der Werkstätten Hellerau wie im Kunstgewerbemuseum Dresden zusammengetragen und in der eindrücklichen Schau *Gegen die Unsichtbarkeit* (2019) gezeigt. Um 1900 begannen Frauen, sich aus Korsetts und Konventionen zu befreien, im Kunstgewerbe zu erproben und eigenständig zu etablieren. »So früh?«, bekamen die Dresdner Ausstellungsmacherinnen bei ihren Recherchen oft staunend zu hören. Ja, wie die Malerinnen der Ahrenshooper Künstlerkolonie in ihrem Metier.

Stockrosen in einem Fischlandgarten

Stockrosen und Rittersporn

Wie eingefasste Schmuckstücke wirken die Fischlandgärten, die anstelle von Hecken oder Zäunen mit Findlingsmauern umfriedet sind und in deren Fugen gelbe Mauerpfeffersternchen funkeln. Keinen ausloben, jeder Garten will selbst überraschen. Einen schönsten gibt es nicht. Wie überhaupt alles Superlative auf dem Fischland fehl am Platze ist.

Findlingsblöcke wurden von den Fischern und Bauern als Fundament für ihre Katen genutzt, kleinere Exemplare zur Unterkellerung, so dass Kartoffeln selbst in eisigsten Wintern frostfrei lagern konnten. In den Gärten gab es Beete mit Küchenkräutern, Bohnen, Kohl und Salat, Obstbäume standen Spalier, neben Holunderbüschen und Schlehdorn wuchsen Brombeeren, Schafgarbe, Dahlien.

Anders als in jenen bescheidenen Zeiten, winken heute aus bunter Blütenfülle Stockrosen den Vorbeigehenden zu – nebeneinander aufgereiht und gruppenweise wie zum Stehkonvent in Pink, Zitronengelb, Orange oder erhaben in samtenem Schwarz, was sich im Gegenlicht indes als ein tiefes Dunkelrot entpuppt. Auch wenn sie die meiste Staudenpracht in den Gärten an Größe übertrumpfen, sind sie als Seezeichen natürlich zu klein. Ohnehin absurd, sie mit Barken und Seekarten in Verbindung zu bringen. Aber beim Gedanken an jene Dinge, die einfach und wichtig vor dem Himmel stehen, möchte man die bis zu zwei Meter hohen Malvengewächse wenigstens als botanische Landmarken ehren. Diese Rolle füllen sie besonders in den bis zum Boddenufer reichenden Gärten aus, wo sich die Konturen zwischen Wasser und Land verwischen, alles Gewohnte auflöst.

Vor dem Himmel steht auch der Rittersporn, der blaue, der kerzengleich leuchtet und Blickfang spielt. An Sommertagen sogar noch nach Sonnenuntergang, wenn alle anderen Blumen in den Fischlandgärten schon schlafen und ihre Farben nicht mehr erkennbar sind – bis die Hähne krähen (wo es denn noch welche gibt) und der Morgen erwacht.

AUS DEM EXIL AN DEN AHRENSHOOPER STRAND

Bertolt Brecht und Helene Weigel
Hanns und Lou Eisler
Anna Seghers
Arnold und Beatrice Zweig

Der Untergang Dresdens liegt noch keine anderthalb Jahre zurück, als sich Victor Klemperer am 8. Juli 1946 zu einer erhofften Erholung nach Ahrenshoop begibt – natürlich mit Eva, seiner Retterin, Beschützerin und Zuträgerin politischer Informationen aus Lautsprechern, Zeitungen und draußen Aufgeschnapptem für seine Studien zur Sprache des Dritten Reichs während der gemeinsam durchlittenen Jahre in wechselnden Dresdener »Judenhäusern«. Seit ihrer Liebesreise 1912 nach Usedom, unverheiratet mit unechten Eheringen, fuhren sie immer wieder an die Ostsee. Mehrfach auf die dänische Insel Bornholm, von 1926 bis 1930 Sommer für Sommer nach Heringsdorf. Beide schwimmen für ihr Leben gern, worüber der Romanistikprofessor an der Technischen Hochschule Dresden bei jedem Aufenthalt damals Strichlisten führt. Je nach Wetterlage springen sie morgens und abends in die Wellen, was sich am Ferienschluss pro Person zu durchschnittlich vierzig Malen aufsummiert. Und jetzt? »Die See ist schön wie je, sogar mit sehr starker Brandung, aber alles andere – (…). Vielleicht auch: wir sind alt geworden. Das Bad in der Frühe, ich habe es heute zum 4., E. zum 3. Male teils genossen, teils durchgehalten, ist umso anstrengender, als wir völlig unzulänglich beköstigt sind«, schreibt Klemperer am 12. Juli 1946 in sein Tagebuch. Eva hat Geburtstag, »friert u. schläft viel u. ist erschreckend mager, klapprig und blass.« Lang, lang ist's her, dass sich die Konzertpianistin und Komponistin, über deren ostpreußische Herkunftsfamilie Schlemmer nur Spärliches überliefert ist, um sich kümmern kann. Stets war sie ausschließlich für Victor da. Nun möchte sie vorzeitig nach Hause, das wünscht sie sich zum Geburtstag, obwohl die Versorgungslage in Dresden auch nicht bes-

Eine neue Siedlung entsteht in Ahrenshoop

ser ist, aber vielleicht lässt sich etwas auf dem Schwarzmarkt ergattern, »hier nicht einmal das«. Spaziergänge macht das seelisch erschöpfte und gesundheitlich ausgemergelte Paar aber immerhin in Ahrenshoop. Und wie auf früheren Reisen legt Klemperer eine geografische Skizze an, wobei ihm mit »Altenhagen« im selben Tagebucheintrag versehentlich ein Schreibfehler unterlaufen ist: »Die Landschaft: hinter dem Strand Düne, bei Altenhagen hohe Küste, ein kleines Rügen in Sand, landeinwärts Weiden u. Pappeln. Eigentümlich eine sehr lange u. sehr breite Doppelallee (drei Reihen hoher Bäume) an ihr aufgereiht in Abständen (…). Man findet Gehöfte u. Handwerkerhäuser, die sozusagen eingeboren sind. Ahrenshoop aber selber nenne ich das Trianon der Ostsee: das sind Kunstbauten im Stil der Ortsnatur. (…) Nach dem Darss zu – das ergründeten wir gestern Nachm. – ist die Landschaft reizlos. Die See abgedeckt durch die Düne; das Land flachste, dürrste Wiese, später reizlos u. mückentoll waldig. Aber die Gerüche sind gut: Labkraut, Tang u. Salz durcheinander.« Vom Althäger Hafen durchstreifen sie eine »bornholmische Landschaft« bis zum Steilufer, vorbei an Katen und Büdnereien. »Hier der Krieg grausam deutlich: mehrere dieser Häuser verlassen, ausgeräumt, Fenster u. Türen ruinös. Auf dem Plateau selber, weit ausgedehnt, eine gesprengte Batteriestellung: Scheinwerfer, ein unterirdischer Betonbau in Trümmern, Eisen- und Schienenwerk, Maschinenteile als rostige verbogene unkenntliche Metallwirrnisse. – Verlassene u. beschädigte Häuser gibt es auch in Ahrenshoop u. auf dem Weg zum Darss. Dort liegt am Strand ein rostendes breites Eisenschiff, sieht aus wie eine große Fähre, heißt ›Wehrprahm‹, die Sowjetflagge weht darüber. –«

Klemperers sind mit wenigen anderen die ersten Nachkriegsgäste in Ahrenshoop. Am 1. Juni 1946 eröffnete das Ostseebad seine erste Nachkriegssaison. An diesem Datum erteilte die britische Besatzungsmacht in Hamburg den Brüdern Axel Caesar und Hinrich Springer die Lizenz zur Herausgabe der Rundfunkzeitschrift *Hör zu!* Viele weitere Blätter und Magazine folgen in den vier Besatzungszonen, fast alle nehmen gezielt politischen Einfluss. Durch die Siegerkoalition der Alliierten soll die Welt, in erster Linie aber das bedingungslos kapitulierte Deutschland, neu geordnet werden. Befreiung oder Niederlage? Schon an dieser Frage klaffen die Meinungen meilenweit auseinander. Tauschgeschäfte mit Zigaretten, Süßstoff und Nylonstrümpfen florieren. Vorm ausgebrannten Berliner Luxushotel Adlon installieren Soldaten der Roten Armee ein Stalin-Porträt. Frauen in Kittelschürzen schuften in den Trümmerfeldern der geisterhaften Städte, fegen Schutt und Asche weg. Aus dem Hunger nach Frieden und Humanität, geistiger Nahrung und einem erklärtermaßen antifaschistischen Neubeginn, bildet sich im Ostteil Berlins der Kulturbund zur demokratischen Erneuerung Deutschlands – mit Ortsgruppen auch in den Westzonen (dann allerdings von den dortigen Besatzungsmächten verboten). Die Liste der Unterstützer ist lang, unter ihnen der Philosoph Ernst Bloch, der Dramaturg Herbert Ihering sowie der Schauspieler und Regisseur Gustav von Wangenheim, vielen noch vertraut aus dem Stummfilm-Klassiker *Nosferatu. Eine Symphonie des Grauens* (1922). An der Spitze des Bundes und bald dessen Präsident: der aus dem Moskauer Exil zurückgekehrte Schriftsteller Johannes R. Becher. Der gebürtige Münchner mit badischem Akzent (übernommen von seiner aus Durlach bei Karlsruhe stammenden Mutter) setzt sich mit der Kulturbundleitung in Schwerin dafür ein, dass Ahrenshoop zum »Bad der Kulturschaffenden« wird, was aber nicht dem Zufall überlassen werden soll. Die jeweiligen Persönlichkeiten aus Kunst, Kultur und Wissenschaft, die zum Anspruch des Bundes passen und in die nähere Auswahl kommen, sind persönlich einzuladen. So war es auch bei Klemperers, die als Gäste zunächst im Kurhaus, anschließend im Charlottenhof wohnen. Zwei Tage vor ihrer Abreise am 15. Juli 1946 steht im Tagebuch: »Wir sind hier im *Ausland*. Was wissen *wir* von Mecklenburg-Vorpommern, von Schwerin? Was weiß man hier vom Bundesland Sachsen u. von Dresden? Und dabei liegen wir gemeinsam in der Sowjetzone. Wie mag es erst sein, wenn man nach Westen kommt? Es gibt kein Deutschland mehr, nur noch Einzelbezirke, Kleinstaaten oder Einzelcolonieen verschiedener Länder. – Seit es feststeht, daß wir am Montag heimfahren, ist unsere Stimmung besser, u. wir genießen, was hier zu genießen ist.«

Letzteres empfinden wohl die meisten Kulturbundgäste. Das

Kulturbund-Reiseprospekt um 1950

bestätigt ein Blick ins Gästebuch, das zum Saisonbeginn 1946 ausgelegt wird. Es ist ähnlich wie das von Paul Müller-Kaempff illustriert. Im Ton jedoch nachdenklicher:

In Ahrenshoop am Strande
Da fanden wir uns 're Ruh'
Es flüstert das Meer nun leise
Seine ewige Tröstung zu.

Das Dörfchen hinter der Düne
Mit Strohdach und Kamin
Die alten hohen Bäume –
In die Ferne müssen wir zieh 'n!

Wir haben fast vergessen
Die Trümmer um uns her
Wir werden nie vergessen
Das Dorf zwischen Wald und Meer

Das Meer, der Mond, der Wind, die Sonne
Die Wolken, Sterne, Well' und Sand
Sie haben uns erfüllt mit Wonne:
Viel gab uns dieses Fischerland.

Leichtfüßig stimmt in diesen Chor eine Schweriner Tanzgruppe ein, unter der Leitung ihrer Ballettmeisterin:

Herrgott ist Ahrenshoop doch nett!
Wir sechs Mädels vom Ballett
Haben hier in der Sonne gelegen –
Wenn wir jetzt wieder die Beine bewegen
Und anderen Menschen Freude bringen,
werden wir immer das Verslein singen –
Schöner Erdenfleck –
Lebensfreude Dein Daseinszweck!
Das sei der Sinn der Erinnerungslieder –
Wir kommen wieder!

Der »Ku-Bu« richtet Theater- und Schallplattenabende aus, im wieder eröffneten Kunstkaten werden Werke der in Ahrenshoop und auf dem Fischland lebenden Künstlerinnen und Künstler gezeigt, in der Villa Elisabeth finden Klubgespräche statt. In den Quartieren bemüht man sich, die Gäste trotz aller Engpässe satt zu bekommen. Dazu ein Ausschnitt aus einer »Trilogie« im Kulturbund-Gästebuch:

Kurz gefaßt: man kann wohl sagen,
daß für Augen, Seele, Magen,
Herz, Gemüt und Außenpelle,
alles ist hier wohl zur Stelle,
um besagte Körperteile
gut zu pflegen eine Weile.
(…)
Faules Leben, Sonne, Strand,
Baden, Wandern, Sonnenbrand,
tiefer Schlaf im Schilfdachhaus,
Meeresrauschen, Windgebraus,
Kunstbetrachtung und Konzerte,
Streiten über ›tiefste‹ Werte. –

Einen langen Abschiedblick
Wirft man auf all das zurück
Mit Dank, daß dieses möglich war
schon im ersten Nachkriegsjahr!

Im Juli 1946 reist auch Johannes R. Becher erstmals nach Ahrenshoop. Er residiert im Dünenhaus. Im Unterschied zu den Badegästen, die vor allem abschalten wollen, treibt ihn der Ehrgeiz, in der einstigen Künstlerkolonie einen »Intellektuellen-Sammelpunkt« zu etablieren. Zu diesem Zweck organisiert er einvernehmlich mit der Sowjetischen Militäradministration in Deutschland (SMAD) für August 1947 eine »Sommerakademie« im Kurhaussaal. Die drei Tagungswochen werden von Oberst Sergej Iwanowitsch Tulpanow, einem Intimus von Walter Ulbricht (wie Becher im Moskauer Exil) kontrolliert und vor Ort

Johannes R. Becher, 1948

überwacht. Welten liegen zwischen den Philosophen, Pädagogen, Naturwissenschaftlern, Redakteuren und Geistlichen aus Ost und West. Nicht wenigen haften NS-Verstrickungen an, etwa dem Rektor der Universität Leipzig, Hans-Georg Gadamer. Die Köpfe im Kurhaus rauchen noch, als ihm die Berufungsurkunde der Johann Wolfgang Goethe-Universität von Walter Hallstein, dem ersten Nachkriegsrektor der Frankfurter Hochschule, in Ahrenshoop persönlich überbracht wird. Und auch er, unter Konrad Adenauer CDU-Staatssekretär im Auswärtigen Amt, hat alles andere als eine weiße Weste. Die Diskussionen sind anstrengend. Die – mit Verlaub – abgehobenen Inhalte bis heute unvollständig belegt. Das unterstreicht Ulrich von Bülow in der von ihm mit edierten *Zeitschrift für Ideengeschichte* zum Thema *Intelligenzbad Ahrenshoop* (2018). Einen atmosphärischen Eindruck der Akademie schildert der jüdische Jurist und Publizist Alfred Kantorowicz in Teil 1 seiner Erinnerungen *Deutsches Tagebuch* (1959). Auf demselben maroden Frachter wie Anna Seghers war er 1940 von Marseille Richtung Amerika emigriert. Als ehemaligen Sekretär des Schutzverbandes deutscher Schriftsteller im Exil ersucht ihn Tulpanow in Berlin, seine Erfahrungen in die Akademie einzubringen. Der Termin passt Kantorowicz schlecht, die Drucklegung seiner soeben auf den Markt gebrachten Zeitschrift *Ost und West*, mit der er zwischen den Fronten und bald verhärteten Blöcken vermitteln will, hat Priorität, danach kein Problem, allerdings müsste er erstmal ausspannen. »›Gut, sehr gut‹, sagte Tulpanow. ›Gehen Sie nach Ahrenshoop, der Kulturbund wird Quartier für Sie vorbereiten.‹« Mit dem gleichfalls geladenen Schriftsteller Günter Weisenborn, dem Ahrenshoop von den ab 1938 dort abgehaltenen Pfingsttreffen der Widerstandsgruppe »Rote Kapelle« vertraut ist, rattern sie im Pkw los: »Wir brauchten mehr als acht Stunden, um nach vielen Umleitungen über die holprigen, zum Teil immer noch von Granattrichtern zerwühlten und von schweren Tanks zerfurchten Straßen ans Ziel zu kommen. Es war trotzdem eine genussreiche Fahrt bei schönem Wetter. (…) Weisenborn erzählte von den Widerstandsgruppen, denen er angehört hatte, vom Gejagtwerden, Verhaftung, Zuchthaus Brandenburg, Hinrichtung vieler Freunde (…). Er fragte mich, was ich von ihm gelesen habe; ich kannte nur sein Stück *Die Illegalen*, das er mir unlängst in Berlin gegeben hatte. (…) Als wir am späten Nachmittag hier ankamen, wurde ich vor dem Hotel, in dem wir Quartier finden sollten, von Kulturbundleuten abgefangen: Herr Präsident Becher erwarte mich in seinem Haus zu Gaste. Ein Zimmer sei dort für mich vorbereitet. Wohl oder übel musste ich, wenn ich einen Affront vermeiden wollte, mich fügen. Ich war auch viel zu müde, mich zu wehren. Ich erklärte Becher, dass ich vor allem schlafen, schlafen und noch mal schlafen müsse. Er entließ mich also, und ich legte mich gegen sieben Uhr abends ins Bett und schlief bis nach neun Uhr morgens durch. Man hatte mir gesagt, das Frühstück werde auf der Terrasse bereit stehen. Noch völlig verdöst, torkelte ich nach einer Katzenwäsche die Treppe hinunter, um mich durch einen (hoffentlich starken) Kaffee wach zu machen. Schon von der Treppe aus hatte ich eine merkwürdige Erscheinung. Um den großen Tisch auf der Terrasse saßen mehrere Männer, die mir erwartungsvoll entgegensahen. Ich glaubte einen Moment an Halluzinationen, verharrte, schloss die Augen, aber als ich sie wieder öffnete, waren die Männer immer noch da, und ich hörte eine mir bekannt vorkommende Stimme humorvoll rufen: ›Kommen Sie nur, Genosse Kantorowicz – Kaffe wartet schon – kommen Sie.‹ Es war kein Zweifel mehr möglich. Das war Tulpanow, der mich so freundlich einlud. (…) Nach der dritten Tasse Kaffee und einer Zigarette kam die Besprechung. (…) Er freute sich spitzbübisch über mein fassungsloses Erstaunen. Ich sehe: aus dem Urlaub wird nicht viel. Aber die wenigen Tage nutze ich. Die Fähigkeit, täglich zwischen zwölf und vierzehn Stunden fest und tief zu schlafen, regeneriert mich rasch. Auch das Meer – meine Landschaft.«

*

Sichtbarer Erfolg des kulturpolitischen Einsatzes für Ahrenshoop ist der Sommer 1950. Mit großem Engagement schafft es Johannes R. Becher, glanzvolle Namen aus den Jahren der Weimarer Linken für einen Ostseeurlaub zu erwärmen. Spezielles Anliegen ist ihm dabei, jene zu gewinnen, die erst kürzlich aus dem Exil zurückkehrten und sich bewusst für die im Herbst 1949 gegründete DDR entschieden. In der wirtschaftswundersamen BRD legt man auf Exilanten wenig Wert. Säbelrasseln auf beiden Seiten. Der Kampf der Systeme schwelt bereits.

Johannes R. Becher weilt in jenem Sommer selbstverständlich auch in Ahrenshoop und füllt mit seinen Erlebnissen und Befindlichkeiten, perspektivisch eine Veröffentlichung im Visier, stapelweise die Mangelware Papier für sein *Ahrenshooper Tagebuch* (1950), beginnend mit dem 1. August: »Mich mit den Wellen vermischt, indem ich tüchtig die herrlich salzige Flut geschluckt habe, überhaupt mich so richtig im Meer gewälzt. Und Freunde getroffen – fehlt nur der Sonnenschein, wie er in unserem Herzen ist.« Von Petrus offensichtlich erhört, denn schon am 3. August: »... in der Sonne gelegen, gewandert. Nachgedacht, geträumt, gedichtet (...), eine bezaubernde wechselvolle Vielfalt bietet Ahrenshoop«, ferner »Wunderreiche und Wunderwinkel«, aufzuspüren namentlich auf »Schilfwanderungen«. 4. August: »Regengüsse und Wellensturm. Mich den Wellen gestellt, schon um fünf Uhr morgens, dann im Regenwald, der mich noch zusätzlich mit seinem Wipfelregen überschüttete. Um Mittag herum ebenso stürmische Aufheiterung.« Am 5. August konstatiert der Kulturbundpräsident: »Acht Tage brauche ich (Meer, Sonne, Wind, Sand), um mit mir ins Reine zu kommen, in allen meinen Lebensäußerungen zur Ordnung zu gelangen.«

Inzwischen rollten Bertolt Brecht und Helene Weigel mit ihren Kindern Stefan und Barbara sowie der Fotografin und Bühnenautorin Ruth Berlau auf dem Fischland an. Sie sind Kulturbundgäste im Dornenhaus. In dem heute gewiss schönsten Fischlandbau, der um 1600 errichtet worden sein soll, sieht es damals karg und einfach aus. »Helli« brach mit den Kindern von Berlin auf, Brecht fuhr mit Ruth in seinem Steyr-Cabriolet. Brecht liebt Autofahren. Leistete sich das Gefährt, Baujahr 1938 mit 55 PS, amtliches Kennzeichen: GB 008-420. Das Berliner Ensemble, von denen einige Mitglieder in Ahrenshoop dabei sind, ist noch neu. Zunächst hieß es auch so: Neues Berliner Ensemble (NBE), bis es seinen bleibenden Namen, abgekürzt BE, erhält. An keiner ihrer Exilstationen (Dänemark, Schweden, Finnland, USA) hatte

Dornenhaus

die Wienerin Weigel die Möglichkeit, auf der Bühne zu stehen und ihre schauspielerischen Fähigkeiten weiter zu perfektionieren. Als ihre Tochter sie im Juni 1949 erstmals als »Mutter Courage« im Deutschen Theater in Berlin erlebt, ist sie »bestürzt und hingerissen«, kauft ihr am nächsten Tag zum Gratulieren von ihrem gesamten zusammengekratzten Taschengeld »die schönsten Blumen«, die sie gefunden hat, so Werner Hecht, der Vertraute Helene Weigels im Ensemble ab 1956, in seiner *Brecht-Chronik* (1997). In Ahrenshoop geht es auch um »Mutter Courage«. Statt am Strand Wolken zu zählen oder Herzmuscheln zu sammeln, wird an Proben für die Münchner Inszenierung des Dramas gefeilt. Jüngstes mitreisendes Ensemblemitglied ist Egon Monk. Regieassistent von Brecht. Berliner Arbeiterkind. Mit drei Kollegen zunächst in Prerow untergebracht. Licht gibt es mangels Glühbirnen in dem Quartier nicht, dumm, weil man abends in den vier Wänden nichts Gescheites anfangen kann. Essengehen übersteigt das Budget. Selbstverpflegung? Nö. Ein Plan B muss her, und dieser lautet: Helene Weigel. Zwar ist die Intendantin keineswegs zu Tränen gerührt, als Egon Monk das Gruppenleiden vorträgt. Aber der insgeheim erhoffte Umzug ins Dornenhaus klappt. »Und dann kam eine sehr schöne Zeit«, erzählt der damals Dreiundzwanzigjährige in *Regie Egon Monk. Von Puntila zu den Bertinis* (2007), »wir mussten nichts mehr fürs Essen ausgeben, und das Essen war viel besser, als wir es in jedem Restaurant hätten kriegen können, allerdings musste eine Pflicht erfüllt werden: wir mussten pünktlich sein, was uns manchmal schwer fiel. Das Leben am Strand war ja äußerst angenehm, und in meiner Erinnerung war die ganze Zeit schönes Wetter. Unpünktlichkeit konnte Helene Weigel nicht leiden, unpünktlich zum Essen kommen, war ausgeschlossen, da wurde man bestraft, und zwar nicht nur mit Entzug – sie ließ sich dann doch erweichen zu einer Stulle – , sondern mit Liebesentzug. Da war sie dann mürrisch und guckte uns nicht an. Das galt als Missachtung ihrer Mühen. Das leisteten wir uns auch nur einmal und dann nicht wieder, es war eine relativ schwere Strafe.«

Der gebürtige Augsburger Bertolt Brecht, kein Strandwanderer, kein Schwimmer, jedenfalls nicht in diesem Sommer, nicht in Ahrenshoop, ist nur selten zu sehen. Rund um die Uhr hämmert er auf seiner Schreibmaschine, was bis in den Garten zu hören ist. Nur einmal soll er von den Dünen über das Meer geblickt haben. Das Dorf spricht ihn nicht an: »es gibt einige alte fischerhäuser, die, selbst dunkelblau angestrichen oder verfallen oder sogar renoviert für das fremdengeschäft, gut ausschauen, vielleicht, weil man das alter so interpretiert, als hätten sie sich gut hier gehalten; die neueren sehen aus wie freche behauptungen, im grunde haltlos, von der landschaft verachtet.« Die einzigen Sätze des Dramatikers zu Ahrenshoop, wie üblich klein geschrieben in seinem *Arbeitsjournal* (1942-1955).

Egon Monk (nach seinem Wechsel 1953 nach West-Berlin Hörspielregisseur beim RIAS, danach tätig im NDR-Fernsehen) spielt in Ahrenshoop Kurier. Und zwar zwischen Brecht und Hanns Eisler, der mit seiner ungarischen Ehefrau Louise, geborene Gosztony, genannt »Lou«, ein Zimmer im Kurhaus zugewiesen bekam. Der Komponist, Schüler von Arnold Schönberg in Wien (wie er nach 1933 in die USA emigriert), lässt es sich mit Lou am Strand, in der Sonne und beim Rückenschwimmen in der Ostsee gut gehen. Seit 1929 vertont Eisler Texte von Brecht. Ihr wohl populärstes Gemeinschaftswerk ist das *Solidaritätslied* (»Vorwärts und nicht vergessen, / worin unsere Stärke besteht! / Beim Hungern und beim Essen, / vorwärts und nie vergessen / die Solidarität!...«) im Streifen *Kuhle Wampe* (1932), gesungen von Ernst Busch. Klar, dass auch er in diesem August Kulturbundgast im Kurhaus ist, »mit seiner Frau und drei Hundchen«, teilt Zimmernachbar Arnold Zweig freudig Lion Feuchtwanger in Pacific Palisades mit. Von Eisler, Brecht und Weigel weiß der Gefährte schon, der im kalifornischen Exil geblieben war. Zurück zu Monk. Was genau hatte er zu tun? »Brecht schickte mich mit ein paar Versen zu Hanns Eisler, und wenn ich ihn nicht am Strand fand, fand ich ihn zu Hause und von dort trug ich dann auch manchmal ein Notenblatt oder zwei zurück zu Brecht, wenn Eisler, abends vermutlich oder in der frühen Morgenstunde, die Brecht so liebte, etwas zu den Versen komponiert hatte – übrigens auf amerikanischem Notenpapier, MGM stand oben drauf, Metro-Goldwyn-Mayer. Er musste sich einen unerschöpflichen

Hanns und Lou Eisler, 1950

Vorrat aus Los Angeles mitgebracht haben, ich hielt es, dies sehend, auch für möglich, dass die Nationalhymne der DDR auf MGM-Papier komponiert worden sein könnte, – ein Gedanke, der mich erheiterte.«

Wie Ahrenshoop auf Arnold Zweig und seine Frau (und Cousine) Beatrice wirkte, darüber schweigen sich die Quellen aus. Vermutlich werden sie die Tage ähnlich konträr empfunden haben wie ihr Exil ab 1933 in Palästina. Der Schriftsteller, an Erfolg gewöhnt, findet im Gelobten Land keinen Verlag, der deutschsprachige Manuskripte akzeptiert. Deutsch ist nicht erwünscht. Zweig möchte sich aber in seiner Muttersprache artikulieren, nicht auf Hebräisch. Er fühlt sich isoliert. Beatrice widmet sich ihrer Malerei und stellt Werke (arabische Dörfer, einsame Landschaften, Meeresszenerien) in Tel Aviv und Haifa aus. In Stil und Farbgebung erinnern sie an ihre Ostsee-Bilder auf Usedom, wohin sie mit Arnold in den Weimarer Jahren zur Sommerfrische fuhr. Als sie ihm zuliebe 1948 Palästina verlässt, fällt sie in tiefe Depression. Aber es wird nicht mehr lange dauern, bis sie im neuen Deutschland zu zeichnen und malen beginnt, darunter wieder auf Usedom Motive vom Strand und vom Bodden – in pastellenen Tönen, alles angedeutet wie durch Schleier geschaut.

Ende August 1950 reist die Berliner Elite aus Ahrenshoop ab. Ein anderer damaliger Kreis: der Bildhauer Gustav Seitz, der Dirigent Leo Spies, der Schauspieler Erwin Geschonneck, der Schriftsteller Stefan Heym, der Publizist Wieland Herzfelde und viele, viele mehr. Wo Dauergast Anna Seghers in Ahrenshoop übernachtete, ist bis heute in der Dorfgeschichte ein weißer Fleck. Auch in Malchens Café gegenüber dem Kunstmuseum zuckt man mit den Schultern, hat man keine Idee. Aber Bäckermeister Jürgen Saatmann, der Sohn von Herrmann und Malchen Saatmann, die die Bäckerei & Konditorei Saatmann betrieben, kann köstliche Anekdoten davon erzählen, als Anna Seghers (1947 aus ihrem mexikanischen Exil zurückgekehrt) nachmittags mit Strandtasche bei ihnen reinguckte, Zuckerkuchen (angerührt mit Margarine) oder Butterkuchen (mit guter Butter) aß und ein Kännchen Kaffee trank. Das rote Sofa, auf dem die Schriftstellerin saß, hält Malchens Enkelin, Andrea Saatmann, die das Steuerrad übernahm, in Ehren: in einer stillen Ecke des Cafés, von der man durch die Fenster in den Weg zum Hohen Ufer hinüber sieht.

Ende August 1950 hat auch Johannes R. Becher seine Sachen gepackt. Neben seinem politischen Auftrag verrannte er sich in dem schönen Sommer amourös. Nicht mit Gattin Lilly, sondern mit jener Bildhauerin, die 1951 die Schifferkirche ausgestalten wird. Nach anspielungsreichen Passagen über »Farnverschlungenheit« und »Traumdickicht« bilanziert der Neunundfünfzigjährige am 27. August: »Ahrenshoop ist nicht mehr. Habe es fluchtartig verlassen, in einem lebensgefährlichen Tempo bin ich aus diesem paradiesischen Sommeridyll nach Berlin zurückgerast. (…) Die Explosion erfolgte auf privatem Gebiet.« Absatz. Gedankenstrich. »Warte nicht auf mich. Ahrenshoop ist nicht mehr. Ich komme nicht wieder (nie – wieder?).« Gedankenstrich.

*

Im Zuge einer Großrazzia gegen die »Strandbourgeoisie« im Februar 1953 werden an der gesamten Ostseeküste der DDR Hunderte Hotels und Pensionen enteignet, Gaststätten, Wohnhäuser und Betriebe (vom Strandkorbbau bis zur Holzfabrikation) beschlagnahmt, die Besitzer verhaftet, verurteilt, mit horrenden Geldstrafen belegt, verscheucht. Alles Privatwirtschaftliche ist dem Freien Deutschen Gewerkschaftsbund (FDGB), der die Hoheit über das Urlaubsgeschäft beansprucht, ein Dorn im Auge. Ziel jener berüchtigten »Aktion Rose« ist nach behördlichen Akten, »die noch vorhandenen Brutstätten des Imperialismus« zu zerschlagen. Als Vorwand genügen bereits »gehortete Westwaren« wie Bohnenkaffee. Hauptsächlich jedoch werden Wirtschaftsdelikte unterstellt, »die die Errungenschaften der Arbeiterklasse sabotieren«. Denunziationen, Zwangsbewirtschaftungen, Knast in Bautzen und Fluchten sind die Folge. Opfer in Ahrenshoop: die Betreiber vom Kurhaus, Charlottenhof, Restaurant Seezeichen und Ostseehotel, was im Dorf Fassungslosigkeit und Unruhe auslöst. Davon berichtet Fritz Koch-Gotha seinem »lieben Marx«, Gerhard Marcks, am 6. März 1953 in einem bewegenden Schreiben: »An die Hitlerzeit werden wir durch

Strandleben in Ahrenshoop 1952

Flugzeugspektakel und Maschinengewehrgeballer in der Luft bei Tag und Nacht erinnert. Darsser Ort ist nicht mehr zugänglich – dort sind die Russen (...). Übungen mit Panzern werden manchmal am Hohen Ufer gemacht. Es wird eben auch bei uns tüchtig Frieden geübt.«

Wie froh, wenngleich nicht konfliktlos, ging es im vorausgegangenen Sommer zu. In der Veranda des Kurhauses wurden Funktionäre bei der Platzzuweisung bevorzugt, obendrein mit besserem Essen versorgt. Und weil der Mensch ein Mensch ist, hat er das nicht gern, Kulturbundgäste tauften das Etablissement kurzerhand in »Bonzen-Aquarium« um.

Mitte August 1956 hält sich die französische Journalistin Martine Monod auf dem Darß auf und berichtet in *Les Lettres francaises* über »LA NUIT D'AHRENSHOOP«. Wie ein Lauffeuer habe sich am 14. August verbreitet: »›Brecht est mort!‹ Pas de phrases, pas de commentaire, ›Brecht est mort!‹«. Der Dramatiker, Librettist und Lyriker erlag an jenem Tag einem Herzversagen. Was der Verlust bedeute, werde die Zukunft zeigen.

Vorwärts und nicht vergessen.

FANGFRISCH

Hering, Dorsch und Boddenzander

Längst haben die Fische der Ostsee und Boddengewässer, die am häufigsten in den Netzen landen und offline zu kaufen sind, einen Platz auch online im World Wide Web mit Grafiken und Steckbriefen zu Maßen, Gewichten und jeweiliger Eigenart. Geht wohl auch nicht mehr anders, wenn die »kleine Küstenfischerei« gegenüber der Fischgroßindustrie Bestand haben soll.

Fisch ist schmackhaft. Und gesund. Seine hochwertigen Fette schützen vor Entzündungen und Herz-Kreislauferkrankungen, stärken das Immunsystem und halten die Gehirnfunktionen in Schwung. Fisch bietet zudem das lebenswichtige Vitamin D und sättigt dank seines hohen Eiweißgehalts. Das wiederum macht oder hält schlank und fit. Wissenswertes aus dem »Klönschnack« in *Frisch vom Fischer* (2016). Das mit Fotos aus dem Fischereialltag in Mecklenburg-Vorpommern bebilderte Heft ist leider vergriffen. Aber mitunter erwischt man noch ein Exemplar in Hotels, Galerien oder auch im Kunstmuseum Ahrenshoop.

Seit jeher interessieren sich Ostseeferiengäste und Tagesurlauber für das Flossentier: wie es gefischt, verarbeitet und serviert wird. Die Fischerei war einst neben der Landwirtschaft und Schifffahrt das wichtigste Gewerbe in der Region, Namen wie Fischertor, Fischerstraße und Fischerbrücke in Ribnitz und natürlich das Fischland sind beredte Zeugnisse der Tradition. Zur Ausübung des Fischfangs boten die Ostsee und der Bodden mannigfaltige Gelegenheiten, was Generationen von Familien ernährte, aber auch zu futterneidischem Streit führte. Fischereiordnungen regelten daher stets die zulässigen Fischfanggeräte, Schonzeiten und Mindestmaße der Fische, auf die es die Gattung Mensch abgesehen hat: Aal, Strandlachs, Schlei und Scholle, Rotauge, Barsch und Flunder. Von Wustrow bis Ahrenshoop benutzten die Fischer Waden, jene über zweihundert Meter langen und vier Meter hohen Netze, die sie auf ihre Schultern luden und hintereinander aufgereiht vom Strand ins Wasser beförderten. Die Prozedur erforderte Muskelkraft von mehr als einem Mann. Und weil Waden teuer waren, schlossen sich Wadenkompanien zusammen. Während der Fangzeit schliefen die Fischer in gemeinschaftlichen Bretterbuden am Strand, in schweren Seestiefeln brachen sie bei Sonnenaufgang zum Morgenzug auf, bei Sonnenuntergang zum Abendzug. 1898 legt ein Staatsvertrag zwischen Mecklenburg und Pommern eine Fischereiordnung fest, verbindlich für die Fischer in Althagen und Niehagen auf der einen Seite, Ahrenshoop auf der anderen. Den Fischen war die Staatsgrenze im Bodden einerlei, sie schwammen unbeirrt und zollfrei hin und her.

*

Mit Strandbooten und Kuttern fahren die Fischer heute auf die Ostsee hinaus. Auch in Ahrenshoop. Mal mitfahren, dürfte schwierig sein. Anders als in den Jahren der Künstlerkolonie, wo ein solches Ansinnen aber auch die Ausnahme blieb. Im 1913 veröffentlichten *Begleiter am Ostseestrande* widmet der Verband Deutscher Ostseebäder neben »Seemännischem« – Backbord und Steuerbord, Bug und Heck usw. – dem »Fischfang an der Ostsee« einen faktenreichen Abschnitt, dessen Wortlaut zur Veranschaulichung (fast) vollständig wiedergegeben sei: »Von den Bewohnern des Binnenlandes, die im Sommer als Badegäste an der Ostsee erscheinen, haben nur sehr wenige einen Begriff von der Praxis der Fischerei. Aber alle interessieren sich für das Gewerbe, das, noch mit einem Schimmer von Romantik umgeben, dem Meer die schmackhaften Schuppentiere entringt. Mit welchen Geräten und Mitteln das geschieht, lässt sich ohne Anleitung und Erklärung schwer begreifen. Die Fischer zu befragen, hat meistens wenig Zweck, denn sie sind an und für sich nicht redelustig (…). Die wichtigste Methode ist die Schleppnetzfischerei. Sie wird mit einem großen Boot betrieben, das an langer Leine einen Netzbeutel auf dem Meeresboden schleppt. Dieser Sack, von den Fischern Zeese genannt, ist aus starker Baumwolle engmaschig gestrickt und im vordern Teil mit einer trichterförmigen Einkehle versehen, die den Fischen das Eintreten in den

So unterschiedlich wie der Salzgehalt und die Fischarten sind die Fanggründe der Ostsee

Fischerboote, meist offene schwere Holzboote ohne Deck, wurden einst gerudert oder gestakt

Beutel gestattet, aber ihr Entweichen hindert. An seiner drei, vier bis fünf Meter breiten Oeffnung ist der 18-20 Meter lange Sack mit Gewichten so stark beschwert, daß er sich auch bei schneller Fahrt nicht vom Meeresgrund hebt. Er fängt alles, was er antrifft, in der Hauptsache die am Grunde lebenden Plattfische, Schollen und Flundern, aber auch Aale, Barsche, Hechte usw. Die Badegäste bekommen von der Schleppnetzfischerei wenig zu sehen, denn sie wird weitab vom Lande auf der Tiefe betrieben, wo die Fischer seit altersher ihre Fanggründe kennen. Sie kommen nur an Land, wenn ihr Wasserbehälter gefüllt ist, um die Fische einem Händler abzuliefern, was in wenigen Stunden erledigt ist, dann kehren sie sofort auf ihre Fanggründe zurück. Badegäste, die diesen Betrieb kennen lernen wollen, finden ohne große Mühe auf einem Boot Aufnahme, sie müssen aber Wind und Wetter nicht scheuen und sich darauf gefaßt machen, einige Tage an Bord des Bootes zuzubringen. Dazu ist erstens Proviant in fester und flüssiger Form erforderlich und zweitens warme Unter- und Oberkleidung. Smoking und Lackschuhe können zu Hause gelassen werden. Das Schlafen in der engen Koje des stark stampfenden Bootes gehört nicht zu den größten Annehmlichkeiten. (...) Zur Vorbereitung kann man erst einige kurze Fahrten mit den Anglern oder Stellnetzfischern machen, die abends ihre Geräte auswerfen und morgens wieder einholen. Die Fahrt am Morgen, zu der man allerdings schon um 2 Uhr aufbrechen muß, ist interessanter und lehrreicher, weil man dabei sieht, wie die Fische gefangen werden. Der Fahrgast soll dabei nie vergessen, daß seine Person einen überflüssigen Ballast in dem engen Boote bedeutet. Er tut also gut, sich still auf dem Platz zu verhalten, den die Fischer ihm anweisen. Auch viele Fragen sind nicht recht am Ort, denn die Fischer müssen ihre Aufmerksamkeit auf Boot und Netz richten.« Detaillierte Erläuterungen über die Netze und ihre Maschen, die Fanggründe und ihre Tiefen, Leinen und Riemen folgen, bis die Rückkehr der Fischer mit dem Silber des Meeres beschrieben wird: »Unterwegs schon beginnen die Fischer, ihre Beute aus dem Netz zu lesen. Am Strande erhalten sie Hilfe von Frauen und Kindern. Aber bei einem einigermaßen guten Fang dauert das Entfernen der Fische aus den Maschen doch mehrere Stunden. Inzwischen sind die Händler erschienen, die einen Teil des Fanges frisch verschicken, den anderen liefern sie in die Räuchereien ab. Je reicher der Fang, desto niedriger der Preis.«

Oder auch nicht, weiß Marianne Clemens aus ihren Kindheitstagen in Ahrenshoop, dargestellt in *Unruhige Zeiten in unserem Land* (2005). »Die meisten Männer in Ahrenshoop waren Fischer. Sie fuhren mit hölzernen Ruderbooten, auf denen man notfalls ein Segel setzen konnte – meistens ein braunes, auf die Ostsee hinaus und fischten … Dorsch, See-Aale und Schollen.« Im Bodden wurden andere Fische gefischt, darunter Zander und Hecht, entsinnt sich die Tochter von Ottilie Kaysel, »Otty«, eine der ersten Malschülerinnen von Paul Müller-Kaempff. »Wir wussten damals viel von Fischen. Sie wurden in der Hand gewogen und genau angesehen, ehe man wählte. Wir wussten auch, wo man nicht betrogen wurde, wo gut gewogen wurde…« Und noch etwas prägte sich ihr ein, die noch 2012, als sie hundert Jahre alt geworden war, im Charlottenhof eine Lesung zu ihrem Buch gab, in dem sie auch ihre Schwester erwähnt: »Ich mochte es nicht gern, wenn unsere Mutter Aale kaufte: Die blieben noch lange lebendig (…), bäumten sich, sprangen manchmal wieder aus dem Eimer heraus, und Elfriede musste sie im Sand rollen, bis sie tot waren. Schollen galten als edler und waren wohl auch teurer. Das Gewicht wurde übrigens mit der Hakenwaage festgestellt. Mit dem einen Hebel wurde der Fisch angepiekt, der andere zeigte sein Gewicht auf einer Skala an. (…) Je nach Fanggröße kosteten die Fische an verschiedenen Tagen unterschiedlich viel, und auch jeder Fischer hatte seine eigenen Preise – oft je nach Kunden.« Ihre Familie zählte zu den Honorigen im Dorf, war doch ihr Vater Rechtsanwalt und ihr Großvater, Otto Kaysel, Justizrat und Notar aus Ludwigslust, der erste auswärtige Nicht-Künstler 1896 mit eigenem Sommersitz in Ahrenshoop. Manch einer nahm seine juristische Hilfe in Anspruch. Als Otty-Kaysel-Haus ist das in einem eingewachsenen Garten liegende Gebäude an der Ecke der Dorfstraße zur Kurverwaltung unverändert in Familienbesitz, die obere Etage beherbergt ein Ferienapartment mit Dachterrasse und Ostseeblick.

*

Heute verkaufen Fischer am Ahrenshooper Strand fangfrischen Dorsch, an der Nordsee heißt er Kabeljau

Ahrenshoop wäre nicht Ahrenshoop, gäbe es nicht auch zwischen Fisch und Kunst eine Liaison: die Entdecker- und Wanderkarte *Kunst & Fisch* (2014) mit Tipps und Adressen zu Kirchen, Keramikwerkstätten, Kunstgalerien, Buchkultur. Und zu achtzehn Fischern in und um Ahrenshoop. »Wer fangfrischen Fisch will, ruft an.« Durch massive Überfischung, betrieben von hochgerüsteten Flotten mit Schleppnetzen, schwankende Fangquoten und niedrige Abgabepreise droht der traditionellen Fischerzunft das Aus. Ohne Zukunftsperspektive rücken junge Leute nicht mehr nach. Überall an der Ostsee schwindet die Zahl der selbständigen Fischer. Auch auf dem Fischland und Darß.

Hoffnung verbreitet eine ambitionierte Initiative auf Hiddensee. 2016 schlossen sich hier Fischer, unterstützt von Fischliebhaberinnen und Fischliebhabern, zum Verein Hiddenseer Kutterfischer zusammen. Sie wollen die Stellnetzfischerei aufrechterhalten und nur das fangen, was vor Ort verarbeitet und fangfrisch in den Häfen Neuendorf, Vitte, Kloster und Schaprode auf Rügen verkauft werden kann. »Wir lieben Ostseehering in allen Variationen!«, heißt es in *Fisch & Kutter* (2019), einer Appetit anregenden Broschüre, in der der Verein seine Köstlichkeiten – auch in Dosen, und zwar möwenweißen – feilbietet. Dazu Rezepte. Pfiffig und einfach: Bücklingspaté.

1 Dose Bückling vom Hiddenseer Kutterfisch
150 g Butter (zimmerwarm)
Salz & Pfeffer
Baguette oder Sauerteigbrot

Maximal fünfzehn Minuten dauert es, bis die Canapés auf einem Tablett gereicht werden können. Also, auf die Plätze, fertig los: Dose öffnen, Öl abgießen. Bücklingsfilets mit Butter in einem hohen Gefäß fein und cremig pürieren. Mit Salz und Pfeffer abschmecken. Auf die Baguette- oder Brotscheiben schmieren, mit Radieschen, Gewürzgurken und Kräutern verzieren. Getränkeempfehlung des Vereins: Champagner, muss ja nicht immer Bier und Schnaps sein.

Ahoi!

Fischerkugeln

Ostseeblau. Himmelblau

Ostseehimmelblau

Wenn die Sonne nach strahlenden Stunden ihr Tagewerk vollbracht hat und ihr Rot, vermischt mit Goldbronze, in die Fluten gießt, wirkt die blaue Wasseroberfläche warm. Wäre die Sonne blau, die Ostsee rot, kühlte sich das Bild ab. Lichtwellen bestehen wie Meereswellen aus Wellenbergen und Wellentälern. Und wie Meereswellen, die an Wellenbrechern aufspritzen, lösen sich Lichtwellen beim Aufprall zum Beispiel an einem Hühnergott in einer Gischt aus Lichtteilchen auf. Die kürzesten Wellen im Spektrum des Sonnenlichts sind blau. Wegen ihrer starken Streuung werden sie vom Auge am ehesten wahrgenommen. Blau, blau, blau ist alles, was ich hab'...

Die Ostsee wechselt zu jeder Jahreszeit ihr Gewand. Im Frühling bevorzugt sie Töne in Graublau, Blaugrau, auch Lichtblau. Im Sommer, heiter gelaunt und aufgewärmt, neigt sie zu Smaragdgrün und Türkis. Im Herbst präsentiert sich die Schöne je nach Wetterlage in Blauschwarz, Blauviolett. Immer seltener friert die Ostsee im Winter zu. Ozeanographen führen in Eisatlanten darüber Buch. Von einem Eispanzer war die Ostsee zuletzt 1995/96 vollständig bedeckt. Das Ende der begehbaren weißen Welt verwandelt sich dann in eine begehbare, unendlich scheinend – so weit die Füße tragen.

Hymnen über die Ostsee, gedichtet, gemalt oder gesungen, beziehen immer auch den Himmel ein. Himmelsbläue. Meeresbläue. Blaues Schweigen.

Ohne eine einzige Requisite, Souffleuse und Figur kommen jene Naturschauspiele aus, die die Ostsee und ihre Wolkenschiffe aufführen. Mitwirkend, aber nicht zu sehen, nicht zu hören: unter dem Wasserspiegel das eiszeitliche Gestein, bewachsen und behaftet mit Algen und Tangwäldern, dazwischen Seesterne und gläserne Quallen, die Medusen der Meere, mit ihren meterlangen tänzelnden Tentakeln.

Blau – Farbe der Sehnsucht, der Ferne, der Treue. An der Ostsee die Lieblingsfarbe für Himmel und Meer. Blau sind die Moorfrösche beim Balzen im Darßer Wald. Blau die Darßer Türen. Ein Strandkater im wüstenheißen Dünensand, blinzelnd zum Himmel, zum Horizont. Blau sein Fell bis über beide Ohren.

Aufgewühlte See

DANK

An allererster Stelle danke ich Astrid Beier, Ahrenshoop, für ihre wie immer großzügige Bereitstellung von Schätzen aus ihrer Bildersammlung. Wertvolle Anregungen erhielt ich von Dr. Anne Wilke, Greifswald, die mir schon vor einer Weile ein Päckchen privater Ahrenshoop-Fotos zur Verfügung stellte, woraus schließlich die Idee »Höchstpersönlich« als Untertitel zu diesem Buch entstand. In der Landesbibliothek Schwerin versorgte mich das Team um Gritt Brosowski mit Bergen historischer Publikationen, in der Staatsbibliothek Hamburg ermöglichte mir Heidrun Jahnke kurzfristig und unbürokratisch die Einsicht in Badezeitschriften aus der Weimarer Republik, die sonst mühsam zu beschaffen gewesen wären. Ohne die Unterstützung von Bettina Berg und Mirjam Verhey, Gerhard-Marcks-Haus, Bremen, hätte ich den Schnappschuss aus dem Garten der Niehäger Büdnerei weder gekannt noch ins Buch aufnehmen können. Sabine Wolf, Dr. Peter Deeg und Anouch Jeschke, Akademie der Künste, Berlin, stellten die Strandfotos von Johannes R. Becher, Hanns und Lou Eisler ohne die geringste Wartezeit bereit. Gabi Raskop, Leiterin der Galerie im Kloster, Ribnitz-Damgarten, und ihre langjährige Mitarbeiterin Karola Schlemmer vor Ort, luden mich zu einem inspirierenden Feininger-Rundgang durch die Boddenstadt ein. Jochen Denzin, Berlin, überließ mir das Sonnenhut-Foto von Käthe Miethe. Ihnen allen einen herzlichen Dank!

Von großem Gewinn war die Begegnung mit Katrina Scharf, der Enkelin einer Malschülerin von Paul Müller-Kaempff. Zwei Tage lang gewährte sie mir Einblick in Briefe und Fotos aus den Anfangsjahren der Ahrenshooper Künstlerkolonie – bei Tee und Gebäck und kulinarischer Verwöhnung abends bei edlem Wein. Einen besonderen Mosaikstein steuerte auch Jan Meyer-Rogge, Hamburg, bei. Seine Mutter, die Balletttänzerin und Choreografin Lola Rogge, deren Ballettschule bis heute in der Hansestadt existiert, reiste in den 1930er Jahren mehrfach mit ihrer Familie nach Ahrenshoop. Und auch davon zeugt ein persönliches Foto im Buch.

Peggy Erdmann, Wustrow, machte mich auf Gertrud Kleinhempel aufmerksam und fand in den Kirchenbüchern heraus, dass die in Ahrenshoop nahezu unbekannte Designerin aus der Pionierzeit der Werkstätten Hellerau am 4. März 1948 auf dem Fischländer Friedhof bestattet wurde. Offen bleibt indes vorerst: wo. Viele Grabinschriften sind verwittert und überwuchert. Dank Klara Nemeckova, Staatliche Kunstsammlungen Dresden, und Dr. Gerhard Renda, Historisches Museum Bielefeld, die mir hilfreiche Auskünfte zu Gertrud Kleinhempel gaben, können wir eine historische Ansicht ihrer Althäger Doppelbüdnerei zeigen.

Dankbar bin ich nicht zuletzt Thomas Sandberg, Leiter der Ostkreuzschule für Fotografie in Berlin-Weißensee, für die Publikationsgenehmigung seines Ahrenshoop-Fotos von 1990 auf dem Buchcover. Um seinen Vater, den Grafiker und Karikaturisten Herbert Sandberg (von 1938 bis Kriegsende im KZ Buchenwald interniert), gab es in Althagen einen weiteren intellektuellen Sommergast-Kreis, an dem auch Thomas Sandberg und seine Schwester Viola als Kinder teilhatten.

Für eine spontane Fototour Ende November 2019 bot Andrea Saatmann meiner Tochter und mir eine wunderschöne Unterkunft, obwohl in ihrem Hause schon Betriebsferien waren. Draußen zwischen kurzen Sonnenmomenten sintflutartige Regengüsse, Düsternis und Sturm, als würde sich das Bevorstehende andeuten: wenige Monate später hatte das Coronavirus die ganze Welt erfasst. Zum Schluss sei daher dem Verlag gedankt, der das Buch trotzdem fertigstellte.

Möge sich in nicht allzu ferner Zeit der Himmel wieder aufhellen – verbunden mit dem Wunsch, dass die Natur (wenigstens sie kann aufatmen und sich in vielen Regionen erholen) nach dem Ende des Schreckens nicht sofort wieder missbraucht und beschädigt werden wird.

Kristine von Soden, Ende März 2020

1959 wird die Betonstraße von Niehagen bis Born weiter ausgebaut

VERWENDETE LITERATUR

Albert Einstein. Hedwig und Max Born. Briefwechsel 1916-1955. Kommentiert v. Max Born, München 1969

Becher, Johannes R., Für ein Deutschland – schön wie nie, Berlin 1955

Becher, Johannes R., Ahrenshooper Tagebuch, in: Ders., Auf andere Art so große Hoffnung, Berlin 1969

Brecht, Bertolt, Arbeitsjournal (1942-1955), hrsg. v. Werner Hecht, Frankfurt 1973

Broelmann, Jobst, »Die Kultur geht so gänzlich flöten bei der Technik.« Der Unternehmer und Privatgelehrte Hermann Anschütz-Kaempfe und Albert Einsteins Beitrag zur Erfindung des Kreiselkompasses, in: Kultur & Technik, 1/1991

Bucky, Peter A., Der private Albert Einstein. Gespräche über Gott, die Menschen und die Bombe. A. d. Amerikanischen v. Kurt Simon, Düsseldorf/Wien/New York 1992

Carl Malchin 1838-1923. Malerei und Handzeichnung. Ausstellung zum 150. Geburtstag im Galeriegebäude am Alten Garten, Staatliches Museum Schwerin, Schwerin 1988

Clemens, Marianne, Unruhige Zeiten in unserem Land. Erinnerungen aus den Jahren 1912 bis 1948, Bad Münder 2005

Cumme, Haimar, Albert Einstein wurde im Jahre 1919 Ehrendoktor der Universität Rostock, in: Wissenschaftliche Zeitschrift der Universität Rostock, 5. Jg. 1955/56, Sonderheft

Das Malchin Magazin. Hrsg. v. d. Staatlichen Schlössern, Gärten und Kunstsammlungen Mecklenburg-Vorpommern, Schwerin 2019

Der Begleiter am Ostseestrande. Hrsg. v. Verband Deutscher Ostseebäder e. V., Berlin 1913

Der Fischeinkaufsführer. Frisch vom Fischer. Hrsg.: landaktiv – Verein für ökologische Landwirtschaft, umweltgerechte Fischerei und Gesundheit e. V. in Mecklenburg-Vorpommern, Ostseebad Dierhagen 2016

Die deutsche Ostseeküste von Flensburg bis Stettin, Berlin 1924

Die Elegante Dame, Berlin 1914

Die Kirchen auf dem Darß, Jena, 3. Aufl., Jena 1998

Die Sturmfluth vom 12. bis 13. November 1872 an der deutschen Ostseeküste. Gedenkbuch bearbeitet v. Gustav Quade, 2. verbesserte und erheblich vermehrte Auflage, Rostock 1872

Dolberg, Ludwig, Eine Küstenwanderung von der Warnow bis Wustrow, Ribnitz 1885

Durchs dunkle Deutschland. Gerhard Marcks – Briefwechsel 1933 bis 1980, Leipzig 1995

Ehlers, Anita, Liebes Hertz! Physiker und Mathematiker in Anekdoten, Basel, Boston, Berlin, 1994

Einstein sagt. Zitate, Einfälle, Gedanken. Hrsg. v. Alice Calaprice. Sonderausgabe München/Zürich 2005

Erichson, Hans, Zur Geschichte der Städte Ribnitz und Damgarten, Ribnitz-Damgarten 1997

Führer durch die Badeorte des Verbandes Deutscher Ostseebäder, Berlin 1929

Feininger – Vater und Söhne. Städtische Galerie Karlsruhe 31. März bis 3. Juni 2001, hrsg. v. Ursula Merkel, Ostfildern-Ruit 2001

Felix Mendelssohn Bartholdy in Doberan. Ein Postsack voller Briefe, in: SVZ v. 25.11.2017

Fisch & Kutter. Hiddenseer Kutterfischer e. V., Schaprode 2019

Fischer-Dückelmann, Anna, Das Goldene Familienbuch. Die Frau als Hausärztin, Stuttgart 1901

FKK in der DDR. Zusammengestellt von Thomas Kupfermann, Berlin 2008

Fölsing, Albrecht, Albert Einstein. Eine Biographie, Frankfurt 1993

Führer durch die Badeorte des Verbandes Deutscher Ostsee-Bäder, Berlin 1905 und Berlin 1913

Fuhr, Michael, Zur Entstehung der Künstler-Monographie Worpswede, in: Rilke. Worpswede. Eine Ausstellung als Phantasie über ein Buch. Hrsg. v. Wulf Herzogenrath u. Andreas Keul. Kunsthalle Bremen, Bremen 2003

George Grosz am Strand. Ostsee-Skizzen. Hrsg. v. Christine Fischer-Defoy, Berlin 2001

George Grosz. Teurer Makkaroni! Briefe an Mark Neven DuMont 1922-1959, Berlin 1992

Gerhard Marcks: 1889-1981. Briefe und Werke. Hrsg. v. Archiv für Bildende Kunst im Germanischen Nationalmuseum Nürnberg, München 1988

Gerhard Marcks, Bilder aus Niehagen. Briefe nach Mecklenburg. Ausgewählt und herausgegeben von Detlef Hamer, Rostock 1989

Gerhard Marcks. Ein biographisches Foto-Album, hrsg. v. Martina Rudloff, Bremen 2000

Gerhard Marcks und Alfred Partikel. Eine Künstlerfreundschaft in Ahrenshoop. Kunstmuseum Ahrenshoop, Rostock 2019

Geschichte der Stadt und des Klosters Ribnitz, Neubrandenburg 1933

Grieben. Ostseebäder und wichtige Küstenstädte mit Angaben für Automobilisten. 21. Auflage. Mit 23 Karten und Plänen, Berlin 1929

Grüning, Michael, Ein Haus für Albert Einstein. Erinnerungen, Briefe, Dokumente, Berlin 1990

Gustavs, Arne, Albert Einstein. Seine Beziehungen zu Hiddensee und Gerhart Hauptmann, in: Greifswald-Stralsunder Jahrb., Bd. 6, Weimar 1966

Hamburger, Dietlinde, Findetage – Ribnitz im Leben und Werk von Lyonel Feininger, in: Lyonel Feininger in Ribnitz und Damgarten, hrsg. v. Thomas Fehling, Rostock 2016

Hamer, Detlef, Sehnsucht nach den Kranichen. Gerhard Marcks in Niehagen, Halle (Saale) 2012

Hartl, Gerhard, Die Bestätigung der Allgemeinen Relativitätstheorie durch die englische Sonnenfinsternis-Expedition 1919, in: Jürgen Renn (Hrsg.), Albert Einstein. Ingenieur des Universums, Weinheim 2005

Herneck, Friedrich, Einstein privat. Herta W. erinnert sich an die Jahre 1927 bis 1933, Berlin 1978

Himmelslicht und weite Erde. Meisterwerke auf dem Weg zur Freilichtmalerei in den Künstlerkolonien Ahrenshoop und Schwaan, Rostock 2012

Hundert Autoren für Einstein. Albert Einstein – Ingenieur des Universums, hrsg. v. Ludwig Renn, Weinheim 2005

Kamnitzer, Heinz, Erkenntnis und Bekenntnis. Arnold Zweig 70 Jahre, Berlin 1958

Kaschnitz, Marie-Luise, Orte, Frankfurt am Main 1974

Klemperer, Victor, So sitze ich denn zwischen allen Stühlen. Tagebücher 1945-1959, Berlin 1999

Küstenfahrten an der Nord- und Ostsee. Geschildert von Edmund Hoefer, Stuttgart 1880/1881

Kulturbund zur demokratischen Erneuerung Deutschlands, o. O. 1952

Kunst & Fisch. Entdecker- und Wanderkarte, Ahrenshoop 2014

Luft, Licht, Freiheit. 125 Jahre Künstlerkolonie Ahrenshoop. 25. März bis 8. Oktober 2017. Kunstmuseum Ahrenshoop, Rostock 2017

Lyonel Feininger in Ribnitz und Damgarten, hrsg. v. Thomas Fehling, Rostock 2016

Lyonel Feininger. Rügen, Ribnitz, Usedom. Reisen an die Ostsee 1892-1913. Kunstmuseum Ahrenshoop, Rostock 2016

Lyonel Feininger. Vom Sujet zum Bild. Staatliches Museum Schwerin. Pommersches Landesmuseum Greifswald, o.O. 2007

Magische Wildnis an der Ostsee. Der Nationalpark Vorpommersche Boddenlandschaft. Hrsg. v. Förderverein Nationalpark Boddenlandschaft e.V., Rostock 2015

Mahlfeldt, Konrad, Else Müller-Kaempff/Paul Müller-Kaempff. Werkkatalog, Fischerhude 2017

Marie Luise Kaschnitz: Tagebücher aus den Jahren 1936-1966. Hrsg. v. Christian Büttrich, Marianne Büttrich u. Iris Schnebel-Kaschnitz, Band 1, Frankfurt am Main 2000
Miethe, Käthe, Das Fischland. Ein Heimatbuch, Rostock, 2. Auflage 1949
Müller-Kaempff, Paul, Erinnerungen an Ahrenshoop, in: Mecklenburgische Monatshefte, Heft 7, 1926

Negendanck, Ruth, Künstlerkolonie Ahrenshoop. Eine Landschaft für Künstler, Fischerhude 2001, 2. Aufl. 2011
Nationalpark-Info 17 bis 28. Hrsg. v. Nationalparkamt Vorpommern, Born 2007 bis 2018
Nemeckowa, Klara, Die ersten Möbeldesignerinnen – Gertrud Kleinhempel, Margarete Junge und Marie von Geldern-Egmond, in: Designerinnen der Deutschen Werkstätten Hellerau 1898 bis 1938. Gegen die Unsichtbarkeit. Hrsg: Staatliche Kunstsammlungen Dresden, München 2019
Nordost-Deutschland nebst Dänemark. Handbuch für Reisende von Karl Baedeker, Leipzig 1905

Pass auf! Hier kommt Grosz. Bilder, Rhythmen und Gesänge 1915-1918, Leipzig 1981
Pese, Claus (Hrsg.), »Im Zeichen der der Ebene und des Himmels«. Künstlerkolonien in Europa, Nürnberg 2001
Pieper, Swantje, Das »Kleinhempel-Haus«: Sturmflut überstanden, aber Immobilienspekulation nicht? in: Der Holznagel, 6/2019
Poesie der Farben. Staatsgalerie Stuttgart, Dresden 2015
Prignitz, Horst, Vom Badekarren zum Strandkorb. Zur Geschichte des Badewesens an der Ostsee, Leipzig 1977

Regie Egon Monk. Von Puntila zu den Bertinis. Erinnerungen. Hrsg. v. Rainer Nitsche, Berlin 2007
Reinicke, Rolf, Pflanzen am Ostseestrand, Ribnitz-Damgarten 2015
Rilke. Worpswede. Eine Ausstellung als Phantasie über ein Buch. Hrsg. v. Wulf Herzogenrath u. Andreas Keul. Kunsthalle Bremen, Bremen 2003
Rosenhagen, Gudrun und Ingrid Bork, Rekonstruktion der Sturmwetterlage vom 13. November 1872, in: Die Küste, Heft 75, o. O. 2009
Roßbeck, Brigitte, Marianne von Werefkin. Die Russin aus dem Kreis des Blauen Reiters, München 2010

Sandberg, Thomas, Erinnerung an Ahrenshoop, Berlin 2012
Schneede, Uwe M., George Grosz. Der Künstler in seiner Gesellschaft, Köln 1975
Seelig, Carl (Hrsg.), Helle Zeit – Dunkle Zeit. In memoriam Albert Einstein, Zürich 1956

Soden, Kristine von, Stille Winkel auf Fischland, Darß und Zingst, Hamburg 2011, 3. aktualisierte Aufl. 2019

Soden, Kristine von, »Ob die Möwen manchmal an mich denken…?« Die Vertreibung jüdischer Badegäste an der Ostsee, Berlin 2018

Soden, Kristine von, »… nach dem nördlichen Eismeer zu sehe ich noch eine kleine Tür«. Schiffswege von Künstlern und Literaten ins Exil. Katalog zur gleichnamigen Ausstellung im Kunstmuseum Ahrenshoop vom 30. November 2018 bis 7. April 1919, Rostock 2019

Sommergäste. Von Arp bis Werefkin. Klassische Moderne in Mecklenburg und Pommern. Eine Ausstellung im Staatlichen Museum Schwerin, München 2011

Stenzig, Bernd, Zur Aufnahme von Rilkes Worpswede-Buch, in: Rilke. Worpswede. Eine Ausstellung als Phantasie über ein Buch. Hrsg. v. Wulf Herzogenrath und Andreas Keul. Kunsthalle Bremen, Bremen 2003

Stiller, Niklas, Albert Einstein, Ravensburg 1990

Tapetenwechsel. Das alte Kurhaus Ahrenshoop. Rostock 2010

»Um uns ist ein Schöpfungstag«. Katalog zur Eröffnungsausstellung des Kunstmuseums Ahrenshoop mit einer Einführung in seine Sammlungen, Rostock 2013

Uns leiw lütt Stadt an'n Bodden. Eine Blütenlese heimatkundlicher Beiträge über die Boddenstädte Ribnitz und Damgarten, Bargeshagen bei Rostock 2007

Von Barbizon bis ans Meer. Carl Malchin und die Entdeckung Mecklenburgs. Hrsg. v. Tobias Pfeifer-Helke f. d. Staatlichen Schlösser, Gärten und Kunstsammlungen Mecklenburg-Vorpommern, Berlin und München 2019

Wildt, Dieter, Sonnenkult. Von der vornehmen Blässe zum nahtlosen Braun, Düsseldorf 1987

Zehn Jahre Kulturbund zur demokratischen Erneuerung Deutschlands 1945-1955, Berlin 1955

Zeitschrift für Ideengeschichte, Heft XII/2, Intelligenzbad Ahrenshoop, München 2018

PERSONENREGISTER

BILDQUELLEN

Archiv Christine Fischer-Defoy, Berlin: 67
Archiv Sabine Jastram-Porsche, Wieck/Darß: 93
Akademie der Künste, Berlin: 119 (Becher-Johannes-R-Fotos_0111), 126 (Hanns-Eisler-Archiv_10400 und 10406)
Bildarchiv Kristine von Soden: 8, 25, 37, 51, 53, 57, 65, 78, 106, 113, 129, 146, 152
Bildersammlung Astrid Beier/Förderverein Ahrenshoop, Ahrenshoop: 40, 41, 44, 45, 70, 123, Doppelseite 144-145
Jochen Denzin, Berlin: 99
Fotoarchiv Kristine von Soden: Doppelseite 1-2, 11, 17, Doppelseite 26-27, 33, Doppelseite 60-61, 75, Doppelseite 88-89, 104, Doppelseite 108-109, Doppelseite 140-141,
Galerie im Kloster, Ribnitz-Damgarten, © VG Bild-Kunst: 23
Gerhard-Marcks-Haus, Bremen: 72
Historisches Museum Bielefeld: 103
Jan Meyer-Rogge, Hamburg: 97
Landesbibliothek Mecklenburg-Vorpommern Günther Uecker, Schwerin: 82, 83
Regionalarchiv Ahrenshooop: Frontispiz (Prospekt Ahrenshoop um 1950), 116, 160
Sammlung Heinz Föppel, Leipzig : 21, 34, 49, 86, 133, 134, 137, 139

Windflüchter bei den Rehbergen im Darßer Wald

Kristine von Soden, promovierte Geisteswissenschaftlerin (Soziologie, Psychologie), ist gebürtige Hamburgerin und wohnt in ihrer Wahlheimat Schwerin. Als Featureautorin des NDR und DLF sowie als Dozentin an der Hamburger Universität beschäftigte sie sich viele Jahre mit den Biographien jüdischer Wisssenschaftler, Schriftsteller und Künstler in der Weimarer Republik. Im Transit Buchverlag veröffentlichte sie »AHRENSHOOP. Balancieren auf der Meerschaumlinie« (2015, 2. Aufl. 2016, vergriffen). Im Kunstmuseum Ahrenshoop war sie 2018/19 Kuratorin der Ausstellung »Schiffswege von Künstlern und Literaten ins Exil 1933-1941«.

Von Frühling bis Herbst ist sie in Ahrenshoop mit literarischen Rundgängen unterwegs und betreibt dort auch ihre Ahrenshooper Schreibwerkstatt (www.vonsoden.de).

DARSS
AHRENSHOOP
OSTSEE
FISCHLAND
ALTHAGEN
WUSTROW
SAALER BODDEN
STRAALSUND
RIBNITZ
ROSTOCK